Les grands défis économiques

Olivier Blanchard et Jean Tirole

Les grands défis économiques

L'urgence du long terme

puf

ISBN 978-2-13-083804-3

Dépôt légal – 1re édition : 2022, septembre

170 bis, boulevard du Montparnasse, 75014 Paris

Avertissement de l'éditeur

Cet ouvrage donne à lire les parties liminaires du Rapport international Blanchard-Tirole rendu public au mois de juin 2021, consultable en ligne sur le site de France Stratégie : www.strategie.gouv.fr

Pour la commodité du lecteur, nous avons porté en Annexes de fin de volume la composition de la Commission Blanchard-Tirole, son mode opératoire et la Table des matières du Rapport complet.

AVANT-PROPOS

Le Rapport Blanchard-Tirole et le rôle des experts

Pourquoi cette nouvelle publication ?

Quand, en 2020, le président Macron nous a demandé de faire un rapport sur les grands défis économiques, nous avons accepté cette mission avec enthousiasme. Nous avons formé une commission d'experts et choisi de nous concentrer sur le réchauffement climatique, les inégalités, et les retraites. Nous aurions pu bien évidemment étendre la liste, inclure les pandémies (mais notre Commission a commencé son travail avant la crise du Covid), les implications de l'intelligence artificielle ou encore les implications économiques des tensions géopolitiques. Nous avons préféré la profondeur à l'exhaustivité.

Les trois défis sur lesquels nous nous sommes penchés nous paraissent avoir deux caractéristiques essentielles.

La première est que ces défis sont existentiels. Le réchauffement climatique signifie la fin de la vie telle que nous la connaissons. L'inégalité risque de conduire au rejet des fondements de l'économie de marché et de la démocratie. Le vieillissement de la population met en cause le contrat entre générations dans un monde où l'espérance de vie augmente régulièrement.

La seconde est que ces défis sont des bombes à retardement. Procrastiner un ou deux ans a peu de conséquences immédiates, même si cela risque d'avoir des implications catastrophiques à long terme. Le résultat est que, par leur nature, ces défis sont mal gérés par le processus politique, qui se focalise souvent sur le court terme, conduisant à une inaction potentiellement désastreuse.

Notre travail a donc consisté à faire le point sur chacun de ces sujets, à décrire l'état de nos connaissances – non seulement ce que nous savons mais aussi ce que nous ne savons pas – et à présenter les choix quant aux politiques à mener.

Lors de sa sortie, notre rapport eut une bonne couverture médiatique, mais comme il est normal, l'attention des journalistes s'est portée vers les sujets les plus vendeurs et le débat sur le fond a été limité. En raison de l'origine du Rapport et de la proximité des élections à venir, notre travail a quelquefois été perçu comme un document politique, ou même un document de campagne, ce qu'il n'était certainement pas. Notre intention en publiant ici les conclusions du Rapport est de relancer la discussion de manière plus approfondie et plus apaisée.

Notre travail en commission, la réception de ce rapport et d'autres raisons nous ont donc menés à réfléchir au rôle des experts en général, et des experts économiques en particulier.

Pourquoi la méfiance du public vis-à-vis des experts en général ?

La méfiance vis-à-vis des experts augmente mais elle n'est pas nouvelle. En 1794, le chimiste Lavoisier, envoyé à l'échafaud, demanda à pouvoir terminer une expérience et se vit rétorquer : « La République n'a pas besoin de savants », par le président du Tribunal révolutionnaire, ceci après que la Convention ait suspendu l'Académie des Sciences. Ce leitmotiv a naguère été celui des populistes anglais (Brexit) et américains (climato-scepticisme du président Trump) ? Il est plus généralement celui des mouvements radicaux, et donc très présent dans le débat aujourd'hui.

La méfiance découle naturellement de la nature même et de la complexité intrinsèque des questions que traitent les experts, que ce soit le réchauffement climatique ou la nature des pandémies. Face à des réponses nécessairement complexes, il est plus facile de les ignorer et de conserver ses convictions initiales.

Ce scepticisme est renforcé quand ceux qui sont perçus comme experts étalent leurs désaccords en public ; on l'a vu avec le changement climatique ou pendant la crise du Covid. Certains de ces désaccords sont parfaitement justifiés et reflètent une incertitude intrinsèque, par exemple quant à la rapidité du progrès technique à venir dans les technologies vertes, ou sur la durée de l'immunité délivrée par les vaccins contre le Covid. D'autres le sont moins : sur presque tous les sujets, les journalistes peuvent trouver un expert prêt à contredire les conclusions dominantes, même si son domaine d'expertise n'est pas toujours celui sur lequel il s'exprime.

Le scepticisme est également renforcé quand les experts, pour de bonnes raisons et sur la base de nouvelles informations, changent d'avis. Là encore la pandémie est source de nombreux exemples où l'avis des experts a évolué au cours du temps, créant confusion et méfiance.

Au scepticisme, s'ajoute souvent la suspicion, c'est-à-dire cette idée que les experts sont au service des groupes d'intérêt ou de secteurs particuliers, que ce soient les institutions financières, l'industrie pharmaceutique ou les producteurs d'énergie selon les cas.

Enfin, avec le recul (nécessaire) qui est le leur par rapport à la réalité, avec leur jargon, avec leurs propositions parfois trop abstraites, les experts sont souvent perçus comme éloignés du quotidien des citoyens. Les récentes querelles de chiffres entre inflation mesurée et inflation perçue (typiquement plus élevée) en sont un bon exemple.

Pourquoi une telle méfiance du public vis-à-vis des experts économiques en particulier ?

La méfiance est particulièrement prononcée vis-à-vis des économistes, et ceci pour un certain nombre de raisons.

Tout d'abord, l'économie est au centre du quotidien. Elle occupe une place croissante dans les journaux, dans les débats politiques. Les décisions de politique économique ont des effets visibles sur notre vie. Bien peu nombreux sont ceux qui ont des idées bien définies sur la biologie ou la physique, mais par nécessité ils en ont sur les questions économiques et sont moins prêts à accepter les conclusions des experts.

Ensuite, l'économie est politique. Conceptuellement, il y a d'un côté l'analyse des faits, dont on peut espérer qu'elle est politiquement neutre. Et de l'autre, les recommandations de politique économique, qui ne peuvent être neutres dans la mesure où elles ont des implications par exemple sur la distribution des revenus, sur le poids qu'on fait supporter aux générations futures, etc. La séparation entre analyse et recommandations est de fait souvent peu claire, l'analyse des faits pas toujours neutre, les valeurs derrière les recommandations pas toujours explicites. Cela rend les débats plus intenses et plus confus.

Enfin, les experts économiques sont souvent porteurs de mauvaises nouvelles, par exemple que les mesures nécessaires au ralentissement du changement climatique auront un coût élevé, qu'on ne peut pas taxer les profits des entreprises sans risquer une diminution de l'investissement, qu'on ne peut pas taxer les très riches sans que certains partent à l'étranger, qu'on ne peut pas diminuer l'âge de la retraite dans la conjoncture contemporaine. Ceci ne les rend pas populaires. Au-delà de l'économie, il est plus facile, pour chacun d'entre nous, d'avoir des « croyances motivées », de croire ce que l'on veut croire, de voir ce que l'on veut voir.

Et bien que l'économie soit devenue nettement plus pluridisciplinaire dans les trentes dernières années, les experts économiques peuvent être impérialistes, ne prenant pas suffisamment en compte les contributions des autres sciences sociales. Ils ont aussi tendance, plus que les sociologues ou les politologues, non seulement à analyser les problèmes, mais aussi à proposer des solutions, ce qui a plus de chances de déclencher des controverses et des rejets.

Sans compter que le coût d'entrée nécessaire pour devenir un expert économique est très bas. On ne peut pas se déclarer expert en biologie ou en physique quantique sans une sérieuse préparation. Ce n'est pas le cas en économie, où presque n'importe qui peut présenter ses idées dans un article de journal, un blog ou un éditorial. Cela aboutit à une « antisélection » : les chercheurs les plus sérieux ont tendance à rester dans leur tour d'ivoire et à éviter les interventions dans la presse. Les plus visibles ne sont pas nécessairement les meilleurs.

Au-delà de ces arguments, il y a une spécificité largement française à la méfiance envers les économistes, qui est une relation ambiguë à l'économie de marché. L'économie de marché est devenue le modèle dominant, pour ne pas dire exclusif, de nos sociétés. Et pourtant, le marché n'a gagné ni les cœurs, ni les esprits, et les Français restent méfiants plus que d'autres. Parfois à juste raison, comme quand les défaillances naturelles des marchés ne sont pas corrigées par une puissance publique bloquée par les intérêts particuliers ou pratiquant la démagogie. Mais parfois à tort. Pour prendre un exemple : la France souffre d'un déficit croissant de professeurs de mathématiques, avec des conséquences très défavorables sur l'éducation et l'inégalité. La raison en est simple : un salaire insuffisant par rapport aux salaires que les diplômés peuvent obtenir dans l'informatique et le secteur privé. Mais l'idée de différencier les salaires des professeurs selon les besoins de l'Éducation nationale recueille bien peu de soutien, voire une franche hostilité. De façon générale, la plupart des économistes sont plus favorables aux mécanismes de marché que le public, d'où souvent un rejet des recommandations d'experts.

Quelles leçons doivent en tirer les experts ?

A minima, établir les faits et être explicites sur les zones d'ombre, les incertitudes. Il est rare que l'évidence empirique soit établie avec la même certitude que dans les sciences dures. La complexité des mécanismes, leur dépendance au lieu et au temps, les limites des données disponibles, font qu'il est rare d'avoir un accord unanime. Ainsi, l'effet du salaire minimum sur l'emploi reste, malgré un grand nombre de très bonnes études, un sujet controversé. Toute recommandation doit tenir compte de cette incertitude.

Il faut également tenter de séparer aussi clairement que possible le descriptif et le normatif. Par exemple, sur les retraites, montrer les implications de différents choix, une augmentation de l'âge de la retraite *versus* une diminution des pensions, ou *versus* une augmentation des cotisations. Mais indiquer que le choix ultime dépend de jugements de valeur, et que si les implications des différents choix pour le bien-être relatif des différentes générations sont connus, ils doivent néanmoins être laissés aux responsables politiques.

Dans le même ordre d'idées, mais plus spécifiquement : il convient d'être clairs sur les implications de différents choix pour l'inégalité. Trop souvent, les économistes font l'hypothèse que si une politique est bonne globalement, ses effets sur la distribution seront annulés par des mesures de compensation des perdants de la politique. L'exemple habituel est le commerce international, qui, s'il est désirable globalement, crée des gagnants mais aussi des perdants. Il faut être réaliste : les mesures de compensation sont rarement suffisantes et adéquates, et il faut reconnaître explicitement ce bémol.

Enfin, il faut tenir compte des perceptions, correctes ou incorrectes. Aucune réforme ne sera adoptée ou mise en œuvre si elle entre en conflit avec les perceptions du public. Si les perceptions sont incorrectes, elles doivent être explicitement confrontées. Si elles sont correctes, elles doivent être explicitement prises en compte.

C'est ce que nous avons essayé de faire avec notre Commission et dans notre Rapport. Nous avons essayé de choisir la composition de la Commission de façon à avoir une gamme d'opinions, sans, nous l'admettons, recruter aux extrêmes. Nous avons essayé d'être clairs sur l'état des connaissances, sur la séparation entre descriptions et choix politiques. Nous nous sommes attachés à caractériser les effets des politiques sur la distribution, en particulier dans le cas de l'introduction d'un prix du carbone. Nous avons commissionné un certain nombre d'enquêtes pour avoir un meilleur sens des perceptions, par exemple sur la manière dont les Français perçoivent les différentes dimensions de l'inégalité.

Aurions-nous pu aller plus loin ? Peut-être. Une série de travaux récents montre l'importance de mettre en récit les propositions, une manière simple mais convaincante de présenter des conclusions. Nous aurions probablement pu faire mieux. Aurions-nous dû aller au-delà des enquêtes et impliquer plus directement les citoyens, plutôt que de nous limiter à une discussion « entre nous » ? La lecture des conclusions de la Convention citoyenne sur le climat montre à quel point cet exercice est difficile. Malgré la bonne volonté des participants et la recommandation d'un certain nombre de mesures utiles, il nous semble que les conclusions souffrent d'une absence d'architecture conceptuelle qu'en toute modestie, seuls les experts peuvent apporter.

En tout état de cause, voici le Rapport, dont nous espérons qu'il continuera à contribuer aux discussions et aux décisions de politique à venir.

Chapitre 1

Synthèse du Rapport

VUE D'ENSEMBLE

Thèmes communs

• Nous avons choisi de nous concentrer sur trois grands défis : le réchauffement climatique, les inégalités et le vieillissement de la population.

• Ces trois défis soulèvent des questions fondamentales d'équité à la fois entre générations et au sein de chaque génération.

• Ces trois défis sont des bombes à retardement. Leurs effets immédiats sont bien plus faibles que leurs effets de long terme, ce qui incite les décideurs à temporiser. Mais le coût pour y répondre augmente au fil du temps.

• Ces trois défis soulèvent des questions techniques et économiques complexes ; certaines décisions doivent être prises dans un contexte de grande incertitude.

Pour chacun de ces défis, des solutions existent : pourquoi y a-t-il peu de progrès ?

• Des réformes mal pensées ? Il est essentiel de bien analyser les défis, les points positifs et négatifs des différentes politiques. Ceci requiert les contributions d'un grand nombre d'experts des disciplines scientifiques et sociales. Dans ce contexte, le rapport de notre commission ne constitue que l'une de ces contributions.

• Des réformes mal expliquées, trop impopulaires ? Sans adhésion de la population, aucune réforme n'a de bonnes chances d'aboutir. On l'a vu souvent en France dans un passé récent. Il convient de prêter dès le départ une attention particulière aux gagnants et aux perdants et de prendre leur bien-être en considération. Ceci implique une approche globale, la combinaison d'un ensemble de réformes.

• Des réformes mal mises en place ? Le diable se cache dans les détails. Une réforme par ailleurs justifiée peut facilement échouer si ses modalités de gouvernance et de mise en œuvre sont mal conçues.

• C'est sur la base de ces trois considérations que notre commission a défini son mandat. Nous avons tenté d'apporter notre avis d'économistes sur les faits et les politiques possibles, de réfléchir à ce qui devait être fait pour rendre ces politiques acceptables, et de formuler des suggestions pratiques pour la mise en œuvre.

CLIMAT

Idées essentielles

• L'urgence climatique exige d'agir rapidement et à grande échelle.

• Le succès dépendra largement des progrès technologiques. Ils sont rapides mais aussi incertains.

• Il faut éviter d'accroître des coûts déjà élevés en optant pour des mesures peu efficaces.

• Une approche globale s'impose. La tarification du carbone est nécessaire mais pas suffisante.

Représentations et réalité

• Il existe un décalage entre l'inquiétude que ressent la majorité de la population face au réchauffement climatique anthropique (inquiétude qui, en soi, est une bonne nouvelle) et sa réticence à supporter le coût de la transition écologique et ses conséquences sur son mode de vie.

• Le manque de transparence sur le coût et l'efficacité de différentes mesures paralyse le débat. L'attitude de la population à l'égard des fiscalités vertes est plus déterminée par leur visibilité que par leur efficacité à lutter contre le changement climatique.

Nos recommandations

- *Une approbation sans réserve d'une « tarification du carbone bien conçue »*
  - Bien qu'impopulaire, pour de bonnes comme de mauvaises raisons, la tarification du carbone est indispensable à la transition car elle encourage l'adoption de comportements plus écologiques, et stimule la R & D verte de façon transparente et efficace. Elle permet de faire de meilleurs choix et d'écarter les solutions trop coûteuses.
  - Il faut étendre son champ. La tarification du carbone existante est fragilisée par un recours abusif aux exonérations et aux subventions aux combustibles fossiles.
  - Il faut se préoccuper des perdants potentiels, par exemple des ménages modestes vivant en zone périurbaine et rurale.
  - Pour éviter la délocalisation vers des pays pratiquant un dumping environnemental, il faut accompagner la tarification domestique du carbone d'un ajustement carbone aux frontières.

- *Subventions à la recherche ; normes et interdictions*
  - La R & D écologique progresse, mais il faut accroître les efforts financiers qui lui sont consacrés.
  - Il est justifié de mettre en place des subventions ciblées, des normes, et des interdictions quand la tarification du carbone atteint ses limites ou est

insuffisante. Cependant, ce type d'intervention, plus arbitraire que la tarification du carbone, est plus propice aux actions des lobbies, à la captation de la réglementation et à la lourdeur administrative.

– Pour garantir une bonne gouvernance de ces deux politiques, nous proposons de créer deux organismes indépendants, si possible au niveau européen : le premier, que nous appelons EU-ARPA-E, servirait à financer des projets de recherche et développement à haut risque et à haut potentiel ; le second à informer les citoyens et les décideurs publics du coût des différents moyens pour atteindre les objectifs climatiques.

• *Rôles de la France et de l'Europe*

– À elle seule, la France n'aura que très peu d'incidence directe sur l'atténuation du changement climatique.

– Toutefois, son influence indirecte peut être considérable, surtout si elle est pensée à l'échelle européenne : elle peut adopter une attitude exemplaire et montrer que des progrès peuvent être accomplis, exercer une pression sur les autres pays au moyen de l'ajustement carbone aux frontières, promouvoir des innovations technologiques et des mesures novatrices qui bénéficieront aux pays pauvres, et jouer un rôle intellectuel majeur dans l'élaboration d'accords internationaux efficaces.

INÉGALITÉS

Idées essentielles

• Les inégalités revêtent des dimensions multiples, la principale étant sans doute le degré d'accès à un emploi de qualité (en anglais, *good job*, sans équivalent parfait en français) et à une vie professionnelle satisfaisante.

• Rendre un tel accès plus égalitaire nécessite d'améliorer l'égalité en matière de capital humain, avec un gros effort sur l'éducation, et de ressources financières, en utilisant de façon plus intelligente l'imposition sur les successions.

• La formation professionnelle est essentielle pour préparer les actifs aux emplois et faciliter la mobilité professionnelle : elle pourrait être considérablement améliorée.

• Toutefois, il n'y a pas de raison de considérer comme donnée la distribution des emplois et de ne pas chercher à l'améliorer par une meilleure organisation interne des entreprises, par des réformes du marché du travail (par exemple un vrai bonus-malus) encourageant les emplois de qualité, par des mesures destinées à influer sur la direction du progrès technologique, et par des règles commerciales évitant le dumping social.

Représentations et réalité

• Dans les comparaisons internationales, les données statistiques de la France en matière d'inégalités de revenus, d'inégalités de patrimoine et d'inégalités régionales ne sont pas mauvaises. De surcroît, à la différence de ce qui s'est produit dans beaucoup d'autres pays, la situation ne s'est pas dégradée au cours de la période récente.

• Cependant, une large majorité de la population française considère les inégalités comme un problème grave ou très grave.

• Les mesures statistiques classiques passent de fait à côté d'aspects essentiels des inégalités, tels que le poids déterminant du milieu social et du lieu de naissance dans la possibilité de recevoir une bonne éducation, la possibilité d'occuper un emploi de qualité, et l'espoir en son avenir.

• Les Français ne croient pas à l'égalité des chances dans l'éducation et l'emploi, et sont sceptiques quant à la mobilité sociale, ce qui concorde largement avec la réalité.

• Les Français craignent que les emplois de qualité disparaissent ; ils accusent le commerce mondial plus que le progrès technologique, qui plus souvent en est de fait la cause.

• Ces réflexions ont conduit la commission à mettre l'accent sur la création et l'accès aux « emplois de qualité ».

Nos recommandations

Il faut réfléchir à des mesures qui influeraient sur toutes les étapes de la production : en amont – égaliser les chances ; en cours – créer plus d'emplois de qualité et les rendre faciles d'accès ; en aval – protéger les perdants et redistribuer.

• *Renforcer l'égalité des chances.* La France a un problème d'égalité des chances. Nous formulons plusieurs recommandations en matière d'éducation, pour la plupart peu originales, mais néanmoins essentielles. Par ailleurs, l'impôt sur les successions ne joue pas le rôle attendu dans l'amélioration de l'égalité des chances. Plus que son taux, c'est la manière dont il est conçu et les possibilités d'y échapper qui sont en cause. Les recettes tirées de l'impôt sur les successions pourraient être explicitement affectées à une redistribution favorisant l'égalité des chances.

• *Mettre en place une imposition plus juste.* La pression fiscale est déjà élevée et la redistribution a ses limites. Nous donnons toutefois plusieurs exemples d'outils permettant de rendre l'imposition plus juste, par le recours à l'intelligence artificielle, par un meilleur échange de renseignements (système du tiers déclarant, coopération internationale) et par des accords internationaux sur la taxation des entreprises.

• *Mieux préparer les actifs aux emplois.* La France doit appliquer les bonnes pratiques internationales en matière de formation continue : certification rigoureuse, conception des formations sur la base d'interactions avec les employeurs du secteur privé.

• *Stimuler la création d'emplois de qualité, influer sur le progrès technologique et redéfinir les règles commerciales.* L'organisation des entreprises, la nature du progrès technologique et les règles commerciales ne devraient pas être tenues pour acquises. Cette observation a donné naissance à la partie la plus audacieuse de ce chapitre. Bien qu'il s'agisse d'un territoire largement inexploré, nous envisageons plusieurs manières dont l'État pourrait intervenir.

DÉMOGRAPHIE

Idées essentielles

• L'allongement de l'espérance de vie, mais aussi de l'espérance de vie en bonne santé, est une bonne nouvelle, une réussite majeure de notre société. Cela implique cependant des ajustements dans la manière dont la société est organisée, en premier lieu le maintien d'un juste équilibre entre travail et retraite.

• Pour que le système de retraite reste à l'équilibre, l'allongement de l'espérance de vie impose soit de réduire les prestations, soit d'augmenter les cotisations, soit de relever l'âge de la retraite.

• La charge des pensions sur les actifs est élevée en France, principalement en raison du très faible taux d'activité des personnes de 55 à 64 ans, et d'un âge effectif de départ à la retraite très bas, par rapport aux autres pays.

• Le système de retraite devrait être unifié, devenir plus transparent et plus juste. Il devrait ménager une marge de manœuvre individuelle pour permettre à chacun d'arbitrer entre âge et montant de la retraite. Il devrait tenir compte des fortes disparités entre actifs quant à leur parcours de vie et à leur espérance de vie.

• Enfin, le système de retraite devrait être suffisamment souple pour que l'équilibre financier soit préservé, aujourd'hui et à l'avenir, tout en reflétant les préférences de la société. Le chapitre indique les moyens d'y parvenir et, parallèlement, montre comment augmenter à la fois la demande et l'offre de travail des seniors.

Représentations et réalité

• Les employeurs et les employés pensent souvent qu'une baisse de la productivité justifierait un départ en retraite précoce, bien qu'aucune donnée ne vienne étayer la baisse de productivité des seniors, sauf en cas de maladie chronique.

• La réforme actuellement sur le tapis est perçue comme technocratique et manquant de transparence.

Nos recommandations

• *Un système transparent.* Les travailleurs accumuleraient des points sur un compte individuel pendant toute la durée de leur carrière, jusqu'à ce qu'ils demandent la liquidation de leur retraite à l'âge minimal d'ouverture des droits ou ultérieurement. Chaque point donnerait droit au même montant de pension de retraite.

• *Un système redistributif.* Les actifs faiblement rémunérés ou ayant eu un parcours professionnel heurté recevraient des « points gratuits » au moment de prendre leur retraite, pour leur permettre de percevoir une pension décente. À la différence du système actuel, la pension de retraite augmenterait avec le nombre de points acquis, même pour ceux ayant acquis peu de points, de manière à conserver un effet incitatif.

• *Un système qui permet une flexibilité individuelle.* Les actifs qui continueraient de travailler au-delà de l'âge minimal d'ouverture des droits et attendraient pour demander la liquidation de leurs droits continueraient d'acquérir des points au titre à la fois de ces années de travail supplémentaires et de la diminution du nombre d'années au cours desquelles ils toucheraient une pension.

• *Un système qui reconnaît la notion de pénibilité du travail mais évite les abus potentiels.* Les actifs exerçant un emploi pénible pourraient prendre leur retraite avant l'âge minimal d'ouverture des droits. Toutefois, dans le but d'utiliser des informations décentralisées, d'inciter les entreprises à mener des activités de prévention des maladies chroniques et d'éviter les financements croisés entre entreprises ou secteurs, les partenaires sociaux du secteur ou de l'entreprise en question définiraient ce qu'est un emploi pénible et les employeurs concernés supporteraient le surcoût lié aux départs à la retraite avant l'âge minimal d'ouverture des droits.

• *Une manière transparente de calculer les prestations de retraite* et le passage en indexation sur les salaires au lieu des prix à la consommation, c'est-à-dire sur la croissance des salaires plutôt que sur l'inflation. Les retraités recevraient tous le même montant par point. Ce montant (la « valeur de service ») serait calculé de manière à équilibrer le système. En supposant que le taux de cotisation retraite (qui est actuellement très élevé, à 27,5 %) reste constant, la valeur de service d'un point augmenterait en fonction du taux de croissance des salaires ajusté de la variation du taux de dépendance du système (rapport entre le nombre de retraités et le nombre d'actifs).

• *Une évolution du taux de dépendance du système qui reflète les préférences de la société.* Une règle maintenant à 2 pour 1 le rapport entre le nombre d'années de travail et le nombre d'années de retraite (une hausse de trois ans de l'espérance de vie se traduisant alors par deux années de travail supplémentaires et une année de retraite supplémentaire) maintiendrait le système globalement à l'équilibre, tout en assurant une indexation des points retraite sur les salaires. La société pourrait toutefois préférer une règle impliquant une hausse moins élevée de l'âge de départ à la retraite et, par conséquent, une diminution relative du niveau des pensions.

• *Une structure de gouvernance indépendante.* Pour traiter cette question, nous proposons que soit créé un conseil indépendant, qui prendrait des décisions reflétant les préférences de la société, ainsi qu'un fonds de réserve, qui permettrait de faire face aux chocs démographiques ou économiques transitoires et servirait d'indicateur de la solidité financière du système de retraite.

• *Une réforme qui va au-delà de la réforme des retraites.* Une partie essentielle de la réforme rendrait possible, voire enviable, la présence plus longue des seniors dans l'emploi, par une prévention accrue et une réelle prise en charge des maladies chroniques, une amélioration notable de la qualité de la formation continue, et un assouplissement de leurs conditions de travail (possibilité de temps partiel, aménagements proposés aux seniors ayant des problèmes de santé pour les aider à rester au travail). L'expérience d'autres pays montre que ces réformes connexes peuvent faire la différence.

• *Améliorer l'intégration de la population immigrée sur le marché du travail* est l'autre enjeu démographique auquel s'est intéressée la commission. Une partie de la population immigrée, en particulier les femmes, peine à s'intégrer au marché du travail, ce qui est un problème en soi, mais a aussi des conséquences indirectes sur l'équilibre du système de retraite. Le rapport propose plusieurs mesures pouvant être mises en œuvre pour améliorer la situation.

CHAPITRE 2

Considérations générales

LES DÉFIS

Nous avons décidé de nous concentrer sur trois défis, à savoir le réchauffement de la planète, les inégalités et le vieillissement de la population, qui nous ont paru être les défis majeurs à relever en ce début de XXIe siècle. Nous sommes conscients que nous aurions pu traiter beaucoup d'autres questions. Certains sujets importants sont absents : les effets durables de la crise du Covid-19 sur les plans sanitaire et économique, la nécessité de se préparer à de nouvelles pandémies, la redéfinition de la politique budgétaire et monétaire dans un environnement de taux d'intérêt extrêmement bas, la politique de la concurrence et la protection des données personnelles à l'ère du numérique, la régulation financière, les incidences des réseaux sociaux sur les politiques publiques et, par ricochet, sur la politique économique, etc. D'autres sujets – l'éducation, la réforme de l'État, le droit du travail, la santé, notamment – apparaissent de façon ponctuelle au fil des trois chapitres. Même le traitement des trois sujets choisis est loin d'être exhaustif : ainsi, nous nous intéressons surtout au changement climatique, en laissant de côté la biodiversité et la pollution atmosphérique. Concernant la question du vieillissement, nous accordons une place importante à la réforme des retraites et examinons trop rapidement les autres implications de cette évolution. Notre seule excuse est celle de ne pas avoir eu le temps de tout traiter.

Ces trois défis ont beaucoup de traits en commun. Ils soulèvent des questions intra et intergénérationnelles fondamentales : quel avenir allons-nous laisser à nos enfants ? quelle planète ? quels types d'emplois ? quel équilibre devrions-nous maintenir entre les intérêts des jeunes/des travailleurs et ceux des seniors/des retraités ? serons-nous capables de résorber les inégalités actuelles et celles que la pandémie de Covid-19 ne va pas manquer d'engendrer ?

Les trois défis découlent, chacun à leur manière, de la nature complexe de la croissance économique et de son principal moteur, le progrès technologique. Ce dernier est à la source de la croissance considérable du niveau de vie, en France et ailleurs. Cependant, il est aussi à l'origine des défis auxquels nous sommes confrontés aujourd'hui. La révolution industrielle a contribué à l'émergence du réchauffement climatique et les innovations techniques dans les domaines de l'électricité et des transports fondées sur les combustibles fossiles ont décuplé les émissions de CO_2. Le progrès technologique, y compris l'avènement de l'intelligence artificielle, favorise le creusement des inégalités et l'obsolescence des compétences des travailleurs âgés. Le progrès médical a permis d'allonger l'espérance de vie mais cette évolution positive crée des tensions sur les systèmes de retraite.

Parallèlement, le progrès technologique est appelé à faire partie des solutions. La question du réchauffement climatique ne pourra être résolue par une simple baisse des émissions de CO_2 à technologie constante ; il faudra accomplir un effort considérable en recherche et développement (R & D), accompagné d'un progrès technique important issu de l'expérience tirée des nouvelles technologies, appelé communément « apprentissage par la pratique ». La lutte contre les inégalités bénéficiera également de la technologie : méthodes d'enseignement innovantes et accès généralisé à une éducation de qualité *via* les cours en ligne ; innovations technologiques venant compléter les compétences des travailleurs et non s'y substituer ; outils perfectionnés permettant de taxer plus facilement les capitaux mobiles. La prévention et le traitement des maladies chroniques et l'amélioration de la formation continue permettront de réduire les situations de handicap et de favoriser l'emploi des seniors, accroissant ainsi la viablité de notre système de retraite. Toute la difficulté est de concevoir des politiques à même d'encourager ce progrès technologique et d'en tirer parti, de manière à parvenir à une croissance plus juste, plus saine, et plus durable.

Les trois défis sont des bombes à retardement. Leurs effets immédiats sont bien moindres que leurs effets de long terme, ce qui incite les décideurs à temporiser. Mais le coût pour y répondre augmente au fil du temps. Des biais tant politiques (seule la génération actuelle vote, y compris sur des questions affectant profondément les générations futures) que comportementaux (excès de confiance et croyances selon lesquelles les problèmes vont se résoudre tout seuls) incitent à la procrastination, même si les avantages à agir aujourd'hui sont évidents. Ces biais font pencher les décisions en défaveur des générations futures. La menace que le changement climatique fait peser sur le monde est dénoncée depuis près de trente ans, et pourtant les gouvernements n'ont pris que peu de mesures concrètes au- delà du discours politique. Les inégalités, les faiblesses du système éducatif et de la formation professionnelle, le manque de préparation face aux pandémies ou aux progrès de l'intelligence artificielle, la viabilité ou l'acceptabilité sociale du système de retraite sont autant d'exemples de bombes à retardement auxquelles nos sociétés sont confrontées. Lorsque des efforts ont été accomplis, ils ont fréquemment souffert d'une absence de vision globale ou d'une prise en compte inadéquate des difficultés sous-jacentes.

Les trois défis posent des problèmes techniques et économiques complexes. Il est difficile de prévoir l'acceptabilité sociale de politiques climatiques alternatives, de savoir quels travaux de R & D verte il faut subventionner, ou quel sera le rythme du progrès technologique. Le coût des technologies de stockage baissera-t-il suffisamment pour que nous puissions nous appuyer sur les seules énergies éolienne et photovoltaïque ou devons-nous maintenir la production d'énergie nucléaire par sécurité ? Jusqu'à quel point pouvons-nous compter sur le système éducatif pour offrir à tous des chances égales et élargir l'accès à des emplois de qualité ? Jusqu'où pouvons-nous infléchir le progrès technologique pour qu'il accompagne les travailleurs sans se substituer à eux ?

Ces incertitudes nous confrontent à une tâche délicate, imposant à la fois de faire preuve d'une certaine souplesse et d'envoyer des signaux clairs quant à la politique que nous entendons mener. Les citoyens, les entreprises, les investisseurs dans l'énergie verte et les municipalités ont besoin d'anticiper les politiques climatiques futures lorsqu'ils font des choix à long terme (logement, production d'électricité, R & D, modes de transport, etc.). Les acteurs économiques ont besoin d'un cadrage prospectif et, à défaut de certitude, d'une visibilité sur la nature des décisions qui seront prises dans dix ou vingt ans et qui auront des répercussions déterminantes sur eux. Parallèlement, l'adaptation à un monde en mutation nécessite une grande souplesse. L'allongement de la durée de vie et les chocs macroéconomiques qui pèsent sur les cotisations au système de retraite sont difficiles à prévoir. La rapidité de la dégradation de l'environnement, l'action publique menée en réponse au changement climatique et le rythme des découvertes technologiques sont autant de sources d'incertitude, imposant d'ajuster au cours du temps les politiques mises en œuvre.

Donner des orientations claires tout en se gardant la possibilité d'adapter les politiques futures… Pour concilier ces objectifs apparemment contradictoires, il faut réfléchir aux institutions qui permettraient d'assurer un tel équilibre. Les ajustements doivent être le reflet des connaissances acquises et non le fruit d'un simple opportunisme politique. Cela n'est pas impossible. Grâce à leur indépendance, les banques centrales ont pu ainsi s'engager à maîtriser l'inflation et, dans le même temps, s'adapter à des circonstances inhabituelles durant la crise financière et la pandémie de Covid-19 en faisant montre de souplesse. Avec cet exemple à l'esprit, la création d'une « banque centrale » du carbone est l'une des mesures envisagées dans le Chapitre I pour associer au mieux prévisibilité et souplesse dans l'émission de permis. Nous suggérons que le système de retraite soit régi par des règles d'ajustement transparentes, mais qu'un organisme indépendant soit chargé de procéder à des adaptations face à des évolutions imprévues, en utilisant le cas échéant un fonds de réserve comme stabilisateur.

COMMENT LA COMMISSION A CONÇU SA MISSION

Seuls les experts – non seulement les économistes mais plus largement les chercheurs en sciences sociales et autres spécialistes – peuvent apporter des réponses, s'il en existe, aux questions techniques que posent les trois défis. Ils peuvent présenter de manière synthétique l'état des connaissances, ce que l'on sait comme ce que l'on ignore, les mesures qui se sont révélées efficaces ailleurs et celles qui devraient être envisagées.

Mais leur mission ne peut pas s'arrêter là. Les réformes jugées nécessaires par la plupart des experts se sont souvent heurtées à une vive opposition et ont été abandonnées ou dénaturées. La quasi-totalité des économistes s'accorde à dire qu'une stratégie cohérente de lutte contre le réchauffement climatique nécessite la tarification du carbone. Pourtant, la tentative du gouvernement français d'augmenter une taxe sur le carbone a provoqué la révolte des Gilets jaunes et la Convention citoyenne pour le climat a décidé en 2020 d'exclure cette mesure de sa liste de recommandations. La quasi-totalité des économistes s'accorde à dire que la réponse à l'allongement de l'espérance de vie passe en partie par une augmentation de l'âge du départ à la retraite. Pourtant, cet aspect de la réforme des retraites présentée par le gouvernement français en 2020 a suscité une forte opposition.

Cette opposition peut venir d'un manque de confiance à l'égard des experts ou d'une perception erronée de la réalité et des arbitrages politiques. Les experts ont pour mission de présenter leurs conclusions avec le degré de modestie qui convient (ce qu'ils ne font pas toujours) et de corriger les perceptions erronées du mieux qu'ils peuvent (ce qui n'est pas tâche facile). La transparence permet d'accroître la confiance. Assurer cette transparence constitue un autre thème transversal du rapport. La réforme des retraites, qui visait à introduire davantage de transparence dans le système, n'a pas atteint son objectif ; nous pensons que ses caractéristiques peuvent être améliorées pour accroître la confiance des citoyens dans le système. La mise en place de la taxe carbone a souffert non seulement d'un sentiment d'iniquité, mais aussi d'une situation inégale du point de vue de l'information disponible quant aux stratégies alternatives de lutte contre le réchauffement climatique. Nombre d'entre elles sont plutôt opaques quant à leurs effets tandis que d'autres, comme l'instauration de la taxe carbone, sont totalement transparentes. Mais l'opposition risque aussi d'émaner de groupes qui se considèrent comme les perdants de la réforme, même si celle-ci est souhaitable. C'est le cas du mouvement des Gilets jaunes. Les experts ne peuvent balayer ces préoccupations. Il leur incombe de les prendre en compte.

Pour que les réformes soient adoptées et acceptées, leurs promoteurs doivent comprendre et intégrer les résistances. Les réformes doivent être perçues comme justes. Des mesures comme la limitation des exonérations et des possibilités d'évasion fiscale peuvent aider et ne présentent pas de difficulté, du moins en principe. Le sentiment d'équité peut aussi être renforcé par des mesures compensatoires. Aucune politique ne peut prévoir de compensation pour tous les perdants, car l'information permettant de déterminer qui est perdant n'est jamais assez précise[1]. Il ne peut non plus être question d'accorder une compensation systématique à tous les perdants, car le maintien du *statu quo*, en soi un choix politique, n'est pas gravé dans le marbre.

1. Voir le rapport du Conseil des prélèvements obligatoires (2019), *La fiscalité environnementale au défi de l'urgence climatique*, qui se penche sur la difficulté d'identifier les perdants et qui recommande (s'agissant de la compensation) : 1. de faire de la composante carbone un instrument fiscal autonome et visible en la distinguant, voire en la dissociant, de la fiscalité énergétique ; 2. d'associer des mécanismes de compensation en direction des ménages les plus affectés, notamment les ménages modestes, de manière à favoriser l'acceptation de la fiscalité carbone ; 3. d'assurer la transparence dans l'utilisation des recettes de la fiscalité carbone.

Si une tarification du carbone est mise en place, les producteurs de charbon seront les perdants ; les travailleurs de l'industrie du charbon méritent d'être dédommagés d'une manière ou d'une autre, mais pas les entreprises charbonnières qui ont eu des décennies pour s'adapter. L'affectation de recettes – qui consiste à allouer des recettes spécifiques à des dépenses spécifiques – peut jouer un rôle important. Elle est généralement vue d'un mauvais œil par les économistes qui invoquent le principe d'universalité du budget de l'État : ils font valoir que l'utilisation optimale de ce budget ne doit pas être entravée par la détention de portions de fonds publics par certains secteurs économiques ou certains citoyens. Cette règle est saine et sa violation a souvent conduit à un gaspillage, par exemple lorsque les recettes tirées de l'exploitation d'autoroutes ont été allouées à la construction de nouvelles autoroutes alors que celles-ci n'étaient plus utiles. Bien que consciente des risques associés au fait de déroger à cette règle, la commission a suivi une voie moins orthodoxe et fait valoir que dans certains cas, les nouvelles recettes découlant de l'adoption d'une mesure pourraient être redistribuées aux personnes pénalisées par cette mesure ou affectées à d'autres actions directement liées à la mesure en question. Le lien direct entre recettes et politiques publiques rendu possible par l'affectation de recettes donne davantage de visibilité à la mesure de compensation et rend les perdants plus confiants dans sa pérennité. De même, les citoyens peuvent être plus disposés à accepter un impôt s'ils savent qu'il est destiné à financer une cause qu'ils soutiennent. Cette idée est exposée dans les chapitres relatifs au changement climatique et aux inégalités, et bien évidemment dans celui consacré à la démographie, les cotisations vieillesse étant d'ores et déjà affectées au financement des retraites.

Enfin, le succès des réformes dépend non seulement des avis d'experts et de l'adhésion de la population, mais aussi d'une mise en œuvre soigneusement planifiée. La mise en œuvre est tout aussi importante que l'idée elle-même. Les bonnes idées perdent de leur valeur lorsqu'elles sont mal mises en pratique : comme les médicaments, sans un diagnostic et un mode d'emploi, elles peuvent faire autant de mal que de bien. En dehors du fait qu'elles puissent être simplement appliquées de manière incomplète, des mesures bien conçues peuvent être détournées et finir par devenir contreproductives. Même avec la meilleure volonté du monde, les décideurs n'ont souvent pas le temps de réfléchir à la phase de mise en œuvre concrète. Ils délèguent cette tâche et ne suivent pas ce qu'il advient de leur réforme/politique, d'où la nécessité de disposer de tests de diagnostic et d'un mode d'emploi détaillés.

*

Bien que n'entrant pas dans le champ de notre mission, la question de l'efficacité de l'État français et de la qualité des services publics est cruciale ici. Les politiques publiques mises en œuvre n'auront un impact que si nous cessons de mesurer leur efficacité à l'aune des sommes qui leur sont consacrées et cherchons plutôt à évaluer leurs incidences réelles. Notre système éducatif, largement évoqué dans le chapitre traitant des inégalités, illustre bien cette nécessité : malgré l'augmentation importante du nombre de postes d'enseignants au cours de la dernière décennie, le niveau des élèves français dans le cadre du classement PISA[1] et d'autres programmes d'évaluation a décliné. Le rapport souligne les améliorations nécessaires : mesurer de manière systématique l'effet des mesures appliquées et prévoir des clauses d'extinction automatique, fournir au secteur privé des incitations appropriées, simplifier les politiques menées et rendre les administrations plus « agiles » et mieux intégrées entre elles, créer des guichets uniques pour éviter que les citoyens et les entreprises ne gaspillent leur énergie en procédures administratives (un exemple parmi bien d'autres : en France, les acteurs auxquels s'adresser pour obtenir des subventions de R & D sont plus de 60), augmenter le taux de recours – actuellement faible – à certains dispositifs et résister à l'inclination française à multiplier les exonérations et les niches. Le rapport insiste également sur les bénéfices de la décentralisation et de l'expérimentation, sous réserve que les acteurs locaux soient tenus de rendre compte des mesures déployées. Un impératif similaire s'applique au volet des recettes des finances publiques. La France devrait taxer mieux et non taxer davantage. Les prélèvements obligatoires représentent 46 % du PIB[2] et les dépenses publiques 56 %, soit les niveaux

1. *Programme for International Student Assessment* (Programme international pour le suivi des acquis des élèves).

2. 46,2 % en 2017, d'après l'OCDE ; la moyenne pour les pays de l'OCDE s'établit à 34,1 %. Il est bien sûr difficile d'effectuer des comparaisons car les services assurés par l'État sont différents.

les plus élevés parmi les pays développés. Le cas de l'impôt sur les successions, dont le taux est élevé mais auquel les possibilités d'échapper sont nombreuses et qui offre un rendement faible, est emblématique. Si le poids de l'État constitue en définitive un choix sociétal, on conviendra aisément que la fiscalité devrait être intelligente et que la France ne fait pas toujours figure de modèle à cet égard.

C'est sur la base de ces remarques que notre commission a conçu son rôle : apporter une expertise et évaluer ce que l'on sait et ce que l'on ignore sur chacune des trois thématiques ; proposer des réformes globales, qui tiennent compte des gagnants et des perdants potentiels ; donner des orientations sur la meilleure manière de les mettre en œuvre. Notre rapport est optimiste : nous pensons qu'il existe des solutions à ces trois défis, et nous espérons que notre travail aidera à les concevoir.

Chapitre 3

Face au changement climatique[1]

Le changement climatique représente une menace existentielle. Il générera des coûts économiques considérables, mettra en danger les écosystèmes et la biodiversité, provoquera des troubles sociaux, entraînera des migrations à grande échelle, suscitera le ressentiment des pays à revenu faible ou intermédiaire, et sera susceptible de déclencher des guerres ou d'autres formes de conflits.

Il nous reste peu de temps pour agir. Malgré l'urgence de la situation, il subsiste un grand décalage entre les discours volontaristes accompagnés d'engagements à long terme et les actions concrètes des acteurs politiques. Près de trente ans après le Sommet de Rio, les émissions continuent d'augmenter, tandis que seuls 4 % de la R & D mondiale, publique et privée, sont consacrés aux technologies vertes, une proportion dérisoire au vu des enjeux. Reste à accomplir[2] la transformation radicale et coûteuse de nos

1. Ce chapitre correspond au Chapitre I du Rapport, rédigé par Christian Gollier et Mar Reguant.

2. Changement de nos modes d'agriculture et de consommation, élimination des énergies fossiles dans les domaines de la mobilité (voitures, camions, avions) et de l'industrie ainsi que dans nos

économies, nécessaire à la réalisation des objectifs fixés par l'Accord de Paris (Conférence des parties, COP21) ou au respect des engagements récents de certains pays figurant parmi les plus gros pollueurs et visant à atteindre la neutralité carbone d'ici à 2050 ou à 2060. Or, plus nous attendons, plus la transition sera coûteuse et désorganisée. En France, la Stratégie nationale bas-carbone (SNBC), feuille de route pour lutter contre le changement climatique, définit une trajectoire de réduction des émissions de gaz à effet de serre (GES), déclinée jusqu'en 2033 dans des budgets carbone sectoriels. Ceux-ci ne sont pas contraignants : ils sont indicatifs et réévalués en fonction des dépassements constatés.

Heureusement, il y a également de bonnes nouvelles. Malgré le budget relativement faible consacré à la R & D, certaines technologies telles que le solaire, l'éolien, le stockage de l'électricité[1], l'éclairage LED, les véhicules électriques ou les substituts aux protéines animales ont progressé plus rapidement que prévu. Par ailleurs de nombreuses entreprises ont pris

---

milieux de vie, rénovation des bâtiments mal isolés, utilisation de compteurs intelligents modulant les prix en fonction du moment en vue de rationaliser notre consommation d'énergie pour un niveau de confort donné, redéfinition écologique de l'aménagement urbain et de l'utilisation des terres, préparation à l'électrification de l'économie ou encore augmentation considérable des investissements dans la R & D verte.

1. Le stockage de l'électricité, complément nécessaire à ces productions intermittentes, comprend les batteries, les centrales hydroélectriques d'accumulation par pompage, l'air comprimé et l'hydrogène vert (produit par électrolyse à partir d'énergie sans émissions) ou bleu (gazéification, plus si possible captage et stockage du carbone).

conscience du fait que leurs actifs liés aux combustibles fossiles risquent de devenir des actifs sans valeur (« échoués »), et la capacité d'innovation du secteur privé ne cesse de se développer. Des avancées majeures dans les technologies vertes se produiront lorsque le budget de R & D qui leur sera alloué augmentera et que des signaux-prix clairs contre les émissions de GES seront émis à l'échelle mondiale.

Autre bonne nouvelle : la prise de conscience écologique s'est accélérée dans la société. Ainsi, plus de 90 % des Français pensent aujourd'hui que le réchauffement climatique est d'origine anthropique et qu'il peut par conséquent être maîtrisé. Dès lors, il appartient à notre commission et à toutes les initiatives similaires de proposer des solutions visant à réduire le fossé entre les discours et les actes, ainsi que d'assurer l'acceptabilité politique de mesures onéreuses tout en veillant à ce que leur coût reste aussi bas que possible.

Malgré la gravité de la situation, nous sommes convaincus qu'il est possible d'agir, en combinant plusieurs approches. Si elles sont mises en œuvre rapidement, les solutions que nous proposons permettront de lutter contre le changement climatique à un coût économique et sociétal moindre. Pour cela, et comme le souligne le Chapitre I du Rapport, il faudra se montrer sélectifs, car les propositions de mesures écologiques sont nombreuses. Nous avons essayé dans ce rapport de prendre position quant à leur efficacité et de faire le tri entre les bonnes et les mauvaises idées.

Pour résumer, nous pensons que :

- la tarification du carbone est une mesure indispensable. Nous décrivons ce que la France et l'Union européenne font dans ce domaine et exposons en détail les améliorations possibles ;

• soutenir la R & D est essentiel. Un prix du carbone peu élevé contribue non seulement à des émissions importantes, mais porte également préjudice à l'effort de R & D. Toutefois, même si la tarification du carbone se généralise et que son prix augmente, la R & D verte risque d'être insuffisante. Ainsi, nous appelons à une hausse du budget consacré aux efforts de recherche. Par ailleurs, pour obtenir des résultats, il faut dépenser cet argent correctement : nous proposons des méthodes pour y parvenir ;

• les normes, les interdictions ou encore les subventions ciblées peuvent être efficaces. Cependant, ces mesures ont souvent été incohérentes par le passé et leur mise en œuvre est délicate. Des améliorations sont possibles, comme nous nous attachons à le montrer ;

• l'indemnisation à l'échelle nationale et internationale est essentielle à l'acceptabilité des mesures efficaces ;

• par elles-mêmes, les émissions de la France n'auront quasiment aucune incidence sur l'évolution du changement climatique. Cependant, la France et l'Union européenne peuvent montrer la voie, piloter la négociation d'accords internationaux et défendre la nécessité de financer les actions climatiques dans les pays en développement. Il est important de rappeler que chaque tonne de CO_2 émise en Chine, en Inde, en Russie, au Pakistan, aux États-Unis ou ailleurs occasionne le même coût à l'humanité qu'une tonne émise en France.

1. FAITS ET REPRÉSENTATIONS

Malgré le large consensus en faveur de la lutte contre le réchauffement climatique, un certain nombre de perceptions entravent l'élaboration des mesures de réduction des émissions les plus efficaces et les moins coûteuses pour la société. Ces représentations, fondées sur certains effets des mesures existantes, sur le rejet des implications budgétaires et sur la méfiance à l'égard des mécanismes du marché, doivent être prises en compte lors de la conception des politiques publiques.

Impopularité de la taxe carbone

Le premier constat est l'impopularité de la tarification du carbone, comme l'ont montré notamment les manifestations des Gilets jaunes contre la taxe carbone et l'absence de la tarification du carbone dans les recommandations finales de la Convention citoyenne pour le climat (CCC). Ainsi, la population française estime (a) que la taxe carbone est punitive (ce qui, nous y reviendrons, est le cas de toutes les méthodes majeures de décarbonation), (b) qu'elle est régressive (ce qui est exact : la part du revenu consacrée à la taxe est plus élevée pour les ménages à bas revenus) et (c) qu'elle serait régressive même si les recettes de la taxe carbone étaient redistribuées aux ménages sous la forme d'un chèque énergie sans condition (ce qui est faux). Cette dernière objection s'explique certainement par un manque de confiance dans la crédibilité à long terme de l'indemnisation, qui, une fois promise, pourrait être réduite, voire supprimée dans un second temps. Le cas échéant, des institutions doivent être créées afin de minimiser ce risque.

Popularité relative des mesures non transparentes

À l'inverse, les mesures dont le coût reste invisible pour la population sont plus populaires, ou ne font du moins pas l'objet d'une contestation ouverte. Pourtant, elles sont par nature aussi punitives, voire davantage, qu'un prix du carbone.

Commençons par une deuxième manière de mettre un prix sur les émissions de carbone et donc de responsabiliser les acteurs économiques quant à leur pollution, le système de plafonnement et d'échange. Depuis 2005, l'Europe prélève une sorte de taxe carbone en soumettant les entreprises du secteur de l'électricité, de l'aluminium ou encore du ciment – responsables d'environ 40 % des émissions de GES de l'Union européenne – au Système d'échange de quotas d'émission de l'Union européenne (SEQE-UE)[1]. Ce système, aussi appelé système de plafonnement et d'échange, fixe le nombre de quotas ou « permis » : plus ce nombre est faible, plus l'ambition environnementale est élevée.

1. En anglais EU-ETS pour European Union Emission Trading Scheme.

Les émetteurs doivent posséder des quotas en quantité égale à leurs émissions. Le prix du marché des quotas correspond à l'équilibre entre l'offre (le nombre de quotas) et la demande (les émissions dont le coût d'abattement est supérieur au prix d'un quota).

Il existe quarante-six systèmes de plafonnement et d'échange pour les émissions de CO_2 sur les cinq continents, de la Californie à la Chine en passant par l'Europe, même s'il est vrai que nombre d'entre eux ne vont pas encore assez loin et admettent trop de quotas par rapport aux ambitions environnementales affichées. Puisqu'ils obligent les pollueurs à posséder un nombre de quotas égal à leurs émissions, ils constituent formellement une taxe sur la production (polluante) plutôt que sur la consommation finale. Cependant, dans la mesure où les producteurs répercutent largement le prix des quotas sur les consommateurs[1], ces derniers paient *de facto* l'augmentation des coûts de production. Le prix en vigueur au sein du SEQE-UE en 2020, à savoir 25 euros par tonne de CO_2 (mais qui a passé la barre des 50 euros en mai 2021[2]) est certes inférieur à la taxe carbone, qui était prévue à 55 euros par tonne pour 2019 et a mobilisé les Gilets jaunes, mais il convient de garder à l'esprit que cette taxe sur les consommateurs intervient au stade de la production, et passe donc inaperçue pour la majorité des citoyens.

1. L'ampleur de la répercussion sur le consommateur dépend du degré de compétitivité du secteur (si le secteur est compétitif, la répercussion sera totale).
2. En janvier 2022, le prix oscillait autour de 80 euros.

L'exemple suivant illustre parfaitement l'effet d'une transparence limitée sur les représentations collectives. Les subventions accordées aux énergies renouvelables (éolien, solaire) sont populaires. En pratique, le coût des obligations d'achat des énergies renouvelables à un prix prédéfini (« tarif de rachat ») imposé par l'autorité de régulation aux fournisseurs d'électricité est déjà inclus dans nos factures sous la forme d'une « contribution au service public de l'électricité ». Donc, si la taxe est formellement imposée aux producteurs, elle se répercute à nouveau sur les consommateurs, qui la plupart du temps ne le remarquent pas[1].

De telles mesures, qu'elles soient justifiées ou non (nous nous concentrons ici sur les représentations qui les entourent), seraient certainement moins populaires si les citoyens prenaient conscience de deux choses. Tout d'abord, la subvention des uns est toujours la taxe des autres : comme nous l'avons vu par exemple, le « tarif de rachat » de l'électricité produite à partir de sources renouvelables est une taxe supportée par les consommateurs d'électricité. Par ailleurs, les subventions n'ont pas nécessairement un effet distributif souhaitable. Les subventions accordées aux

1. En 2021, le coût des tarifs de rachat s'appliquant aux énergies renouvelables en France était de 6,4 milliards d'euros, ce qui correspond également au montant des recettes de la taxe carbone. Ce poste représente la plus grosse partie de la Contribution au service public de l'électricité (CSPE), qui, en dehors du financement des subventions publiques accordées aux énergies renouvelables, sert à financer les coûts supplémentaires liés à la production d'électricité en Corse et dans les départements et régions d'outre-mer.

installations photovoltaïques en toiture vont aux propriétaires, donc à des ménages en moyenne plus aisés[1]. En France, les mesures en faveur des énergies renouvelables sont aussi régressives que la taxe carbone et ne laissent pas la possibilité de redistribuer un dividende carbone pour indemniser les ménages les plus pauvres.

Deuxièmement, les résultats écologiques obtenus grâce à ces mesures pourraient parfois être bien meilleurs au regard des sommes dépensées. Pour les consommateurs d'électricité, le coût de l'économie d'une tonne de CO_2 pouvait dépasser les 1 000 euros pour les premières générations d'énergies renouvelables il y a une dizaine d'années, soit un chiffre 20 fois supérieur aux 55 euros par tonne de CO_2 non émise qui ont déclenché une mobilisation massive des Français en 2019, et 50 à 100 fois le prix SEQE-UE de l'époque. Autrement dit, à l'époque, la France, l'Allemagne et d'autres pays ont choisi d'éviter l'émission d'une tonne de CO_2 alors qu'il aurait été possible d'éviter l'émission de cinquante tonnes de CO_2 ou plus pour le même coût. Certes, ce raisonnement ignore le fait que l'achat d'énergies renouvelables a contribué à la baisse du coût de l'éolien et du solaire : des incitations fiscales et diverses obligations en énergies renouvelables ont amené le secteur privé à diminuer les coûts de production liés à ces

1. Plus généralement, selon Borenstein et Davis (*Tax Policy and the Economy*, 2016, vol. 30, University of Chicago Press, p. 191-234), 60 % des crédits d'impôt accordés pour la réhabilitation thermique des logements, l'installation de panneaux solaires en toiture, l'achat de véhicules hybrides et électriques et autres investissements dans les énergies propres sont perçus par les ménages les plus aisés.

énergies[1]. Ceci dit, et pour changer de point de vue, l'installation de centrales photovoltaïques dans le sud de l'Espagne plutôt qu'en Allemagne aurait, pour le même montant d'investissement, produit plus d'électricité décarbonée et entraîné le même apprentissage technologique et la même baisse de coûts.

Les normes vertes et les lois fixant une date d'interdiction pour certaines technologies (telles que les voitures à moteur thermique) illustrent également ce phénomène. Les deux entraînent des coûts supplémentaires, que ce soit directement pour les consommateurs, ou pour les producteurs, qui les répercutent ensuite sur les consommateurs[2]. Elles peuvent en outre être mal conçues et manquer leur objectif environnemental[3]. Enfin, l'interdiction ou la norme, même si elles

1. Comme nous le développons plus loin, cette question fait l'objet d'un débat complexe : dans quelle mesure les achats ont-ils véritablement contribué à la réduction des coûts des énergies renouvelables ? Certains rappellent que les microprocesseurs ont suivi la loi de Moore malgré l'absence de subventions, tandis que d'autres soutiennent que les subventions en phase d'amorçage étaient nécessaires, car les retombées technologiques ont empêché la compensation des pertes initiales par un avantage concurrentiel. Nous reviendrons plus loin sur l'apprentissage par la pratique.

2. Parfois, le coût des interdictions est directement imposé aux consommateurs (contrairement aux coûts indirects, répercutés par le fabricant). Le coût d'une interdiction des vols intérieurs lorsque le même trajet peut être effectué en train en moins d'un certain nombre d'heures inclut la valeur du temps perdu par les usagers. Le coût d'une interdiction des chauffages alimentés à l'énergie fossile comprend quant à lui le coût de l'achat de nouveaux équipements, tels que les pompes à chaleur.

3. Aux États-Unis, les voitures et les camions américains sont devenus moins économes en carburant en 2020 car la réglementation n'accorde pas le même traitement aux voitures et aux véhicules utilitaires légers et tout terrain de loisir (SUV), et les consommateurs

sont perçues comme égalitaires alors que la taxe est ressentie comme un droit à polluer pour les personnes les plus aisées, peuvent être régressives ; de fait, les normes relatives à l'efficacité énergétique mobilisent une plus grande part du revenu des ménages les plus pauvres[1]. Pourtant, les interdictions (si elles n'entrent pas immédiatement en application) ou les normes ont rarement déclenché de manifestation.

Notre intention n'est pas de démontrer que ces mesures sont inefficaces, mais plutôt que les représentations qui les entourent sont davantage dictées par les apparences que par la réalité. La visibilité de la taxe pour les personnes qui y sont soumises (consommateurs ou contribuables) influence souvent davantage leur comportement que le véritable montant qu'elles doivent débourser pour éviter l'émission d'une tonne de CO_2. Dès lors, une démocratie doit donner à ses citoyens suffisamment d'informations sur les compromis à faire. La mise en œuvre de mesures impopulaires

---

se tournent davantage vers ces dernières catégories de véhicules (les SUV représentaient près de 76 % des ventes en 2020, contre seulement 49 % en 2012). Les défauts de la réglementation pourraient être corrigés : voir M. Greenstone, C. Sunstein et S. Ori (2020), « Fuel Economy 2.0 », *Harvard Environmental Law Review*, vol. 44, p. 1-42. Il est possible de faire la même observation à propos du système français de bonus-malus sur les voitures. Puisque les personnes ne possédant pas de voiture n'étaient pas récompensées, le système les incitait à acheter de petites voitures, plus économiques grâce au bonus. Ces observations montrent l'importance d'une stratégie bien pensée, non le caractère inapproprié des normes d'efficacité en carburant de manière générale.

1. Elles ont également eu des effets inattendus. En effet, les normes relatives aux économies de carburant n'ont pas entraîné la baisse des émissions escomptée, car de nombreuses voitures ont été remplacées par des SUV.

a un coût politique réel. Mais ce coût ne peut avoir une influence importante dans les choix politiques sans provoquer des dommages disproportionnés sur le climat, ou encore des dépenses publiques ou privées inutiles, pour des résultats peu probants.

Croyances motivées

Les chercheurs en sciences sociales ont montré que nous sommes attachés à certaines de nos croyances en partie car nous y accordons de la valeur, ce qui entraîne un conflit entre la vérité et la désirabilité. Les croyances de ce type, appelées « croyances motivées », résistent à bon nombre de preuves scientifiques, notamment parce qu'elles rendent notre vie plus agréable, par exemple lorsque nous refusons d'envisager la possibilité d'un confinement prolongé ou la mort et la maladie de nos proches. Dans notre cas, nous voulons toutes et tous croire en un avenir prospère.

Le coût fiscal important de l'investissement dans la lutte contre le changement climatique ces trente prochaines années ne constitue pas une perspective réjouissante. Promettre « du sang, de la sueur et des larmes » est politiquement un mauvais point de départ pour la promotion de mesures en faveur du climat (peut-être aussi parce que les citoyens sous- estiment toujours l'ampleur et le degré de la transformation nécessaire). Ainsi, il n'est pas étonnant qu'à l'issue de la COP21 à Paris, aucun chef d'État n'ait annoncé que ses compatriotes allaient devoir se retrousser les manches. Parfois, le concept rassurant de « croissance verte » est même invoqué pour affirmer que nous pouvons avoir le beurre et l'argent du beurre. Mais, si tel était le cas, pourquoi ne pas y avoir eu recours ces trente dernières années ?

Le même raisonnement s'applique à l'argument des « emplois verts », lui aussi destiné à apaiser l'opinion publique. Les dirigeants politiques et les entreprises vantent souvent les mérites des mesures vertes en matière de création d'emplois. Pourtant, en l'absence d'une étude approfondie, cet argument ne tient pas vraiment la route. Sa pertinence dépend des réponses apportées aux questions suivantes : l'argent consacré aux actions climatiques crée-t-il davantage de postes que celui alloué à d'autres domaines tels que la santé ou l'éducation, qui se disputent les précieuses ressources publiques[1] ? Les salariés perdant leur emploi du fait de la transition écologique peuvent-ils véritablement s'adapter aux nouveaux emplois créés, compte tenu de la contrainte géographique et de la formation nécessaire (un mineur de charbon ne devient pas technicien de maintenance éolienne du jour au lendemain) ? Les effets d'équilibre sur les différents marchés du travail touchés par les subventions ont-ils été pris en compte ? Pour citer un exemple d'actualité, une augmentation rapide et brutale des subventions consacrées à la rénovation des bâtiments se traduira davantage par une hausse des prix dans le domaine de la rénovation que par

1. Certaines études tentent de répondre à cette question. Le FMI, dans ses *Perspectives de l'économie mondiale 2020* et l'Agence internationale de l'énergie dans son *Special Report on Sustainable Recovery* (juin 2020) étudient chacun les effets de l'écologisation de l'économie sur l'emploi dans un chapitre consacré au changement climatique. Selon ces études, le nombre d'emplois pourrait légèrement augmenter.

une augmentation du nombre d'emplois si elle ne s'accompagne pas de formations et de certifications professionnelles. En l'absence d'anticipation, cette hausse de subventions représenterait donc un gaspillage de fonds publics. Et qu'en est-il des effets d'équilibre liés au financement des mesures (les taxes permettant les subventions risquent de provoquer une baisse de la compétitivité d'autres secteurs, donc la suppression d'emplois) ?

La réticence à affirmer que notre planète vaut bien tous ces coûts est lourde de conséquences. En effet, ce type de discours politique conforte les citoyens dans leur conviction qu'il existe des solutions miracles. Comme mentionné dans le Chapitre I du Rapport, près de 90 % des Français estiment que la classe moyenne ne devrait pas du tout avoir à financer la lutte contre le changement climatique. Cette opinion peut être interprétée de deux façons. D'une part, on peut entendre que « les riches paieront », opinion qui trouve un écho dans les autres chapitres du rapport. Les riches peuvent en effet payer davantage, mais leur contribution potentielle est très loin d'être suffisante pour lutter contre le changement climatique, réduire les inégalités ou éviter une réforme du système de retraite[1] D'autre part, on peut

1. Faisons un calcul sommaire à partir de quelques chiffres simples. Les 10 % des plus hauts revenus touchent 30 % du revenu total. Si la France augmentait le taux d'imposition sur leurs revenus (au sens large, pour inclure les cotisations de sécurité sociale, les prélèvements spécifiques tels que la CSG, etc.) de 10 % de leur revenu, les recettes fiscales augmenteraient de 3 % du PIB. Un calcul similaire peut s'appliquer aux 1 % qui touchent 10 % du revenu total. Ces chiffres sont très optimistes, car de nombreux hauts revenus (entrepreneurs, ingénieurs, médecins spécialistes, universitaires, professionnels

comprendre que « personne ne devrait avoir à payer ». Les deux interprétations sont probablement pertinentes et tout aussi problématiques l'une que l'autre.

2. APPROCHE GLOBALE

Face à l'urgence climatique qui représente une menace existentielle et aux enjeux politiques de

de la finance et du droit, détenteurs de patrimoine, etc.) sont mobiles à l'échelle internationale. Par ailleurs, même s'ils restaient en France, ils pourraient pratiquer l'optimisation et l'évasion fiscale. De combien d'argent avons-nous besoin ? Prenons le réchauffement climatique. L'effort nécessaire est estimé de 1 % à 2 % du PIB dans le Rapport. Certains avancent des chiffres plus élevés : 4,5 % dans J.-M. Germain et T. Lellouch (2020), « The Social Cost of Global Warming and Sustainability Indicators: Lessons from an Application to France », *Economics and Statistics*, vol. 517-518-5, p. 81-102. L'incertitude autour de ces chiffres est élevée, mais, dans tous les cas, l'effort déployé est important. Prenons aussi le système de retraite : les prestations versées représentent 13,6 % du PIB. Le taux de dépendance démographique actuel est de 33 % et devrait atteindre 45 %, soit une augmentation de 36 %. Supposons que l'âge de la retraite n'évolue pas, de sorte que le taux de dépendance du système augmente dans les mêmes proportions et que les prestations individuelles restent inchangées en relation au salaire des actifs. Dès lors, les prestations représenteraient 18,5 % du PIB, soit une augmentation de 4,9 %, un taux bien supérieur à ce que « les riches peuvent payer ». D'importantes réductions des inégalités, qui passeraient par exemple par une hausse de la prime d'activité, nécessiteraient aussi des montants très importants. Enfin, nous ne tenons compte que de trois demandes sur les finances publiques ici. Si des mesures ambitieuses étaient mises en œuvre dans les domaines de l'éducation et de la santé, il faudrait encore trouver davantage de revenus.

l'élaboration rapide et efficace de mesures adaptées, nous proposons une approche globale en cinq axes : axe 1, tarification du carbone ; axe 2, intensification de l'effort de R & D ; axe 3, actions complémentaires ; axe 4, indemnisation ; axe 5, influence internationale. Si les membres de la commission ont dans leur ensemble approuvé les cinq axes, certains ont estimé qu'il fallait davantage mettre l'accent que nous le faisons sur les axes 3 et 5. D'autres se sont en revanche montrés plus sceptiques. Nous reviendrons sur ces points de désaccord plus bas.

Premier axe – Tarification du carbone

La commission, comme la plupart des experts sur ce sujet, a conclu qu'un prix du carbone élevé était indispensable, malgré l'impopularité d'une telle mesure. La tarification du carbone applique le principe du pollueur-payeur prévu par la charte de l'environnement adossée à la Constitution française. Il a été démontré que les mesures de tarification avaient une influence considérable sur les comportements, tant pour les émissions de carbone que pour les autres polluants. Ainsi, le Royaume-Uni a fortement réduit ses émissions de CO_2 provenant du secteur de l'électricité quasiment du jour au lendemain en instaurant une taxe carbone pourtant peu élevée, qui a conduit à une nette accélération de la sortie du charbon : la proportion d'électricité produite à partir de charbon est passée de 40 % à 5 % de sa production d'électricité totale entre 2013 et 2018 (et à 2 % au premier semestre de 2020). Or, la principale[1] raison de ce changement radical est la mise en place en 2013 d'un prix plancher du carbone (par l'intermédiaire d'un « *Carbon Price Support* » d'environ 21 euros la tonne de CO_2, venant en sus du prix du SEQE-UE qui, lui, est resté inférieur à 10 euros entre 2013 et 2018) ; selon les estimations, un prix du carbone d'environ 35 à 40 euros par tonne suffirait à provoquer une transition du charbon au gaz, deux fois moins polluant. La taxe carbone suédoise[2], instaurée en 1991 et égale à 114 euros en 2021, a également eu une incidence significative.

Nous pouvons rêver d'une société dans laquelle de telles évolutions se produiraient spontanément, sans qu'il y ait besoin d'incitations matérielles (une autre illustration des croyances motivées), mais l'histoire

1. Voir *The Value of International Electricity Trading*, rapport de l'Ofgem (Office of Gas and Electricity Markets). Le prix du carbone n'était pas le seul outil. Pour soutenir l'éolien, le gouvernement britannique a organisé une vague d'enchères qui a permis de créer une capacité excédentaire, a provoqué une baisse des prix de l'électricité et a contribué à la baisse de la rentabilité du charbon.

2. La taxe carbone suédoise s'applique aux consommateurs comme aux entreprises. Par exemple, à son lancement en 1991, la taxe était de 24 euros pour les consommateurs et de 6 euros pour les entreprises : par crainte des délocalisations ou de la concurrence déloyale des importations, un taux d'imposition inférieur fut appliqué à l'industrie, en l'occurence aux secteurs exclus du système européen d'échange de quotas d'émission, le SEQE-UE. Pour éviter une double taxation, les secteurs couverts par le système sont entièrement exonérés de la taxe carbone. À partir de 2018 cependant, le taux des secteurs en dehors du SEQE-UE est le même que le taux appliqué aux consommateurs, soit 114 euros aujourd'hui.

nous a montré le contraire. Très souvent, frapper les décideurs économiques là où cela fait véritablement mal, à savoir au porte-monnaie, a permis de modifier leur comportement et d'aboutir à la mise au point d'innovations capables de résoudre des problèmes majeurs.

Un prix du carbone présente au moins quatre avantages :

- il pousse à l'action ceux qui peuvent éliminer leur pollution à un coût relativement faible ;
- il stimule l'innovation verte. En monétisant la propriété intellectuelle associée à la R & D verte, il permet aux start-ups de bénéficier des financements d'investisseurs privés afin de rassembler les fonds nécessaires ;
- il implique de mesurer les émissions (ce qui n'est pas toujours simple), mais ne nécessite aucune autre information. Dès lors, il réduit les formalités administratives et le poids du pouvoir discrétionnaire par rapport aux autres méthodes de lutte contre la pollution ;
- enfin, il permet aux consommateurs d'agir pour le climat tout naturellement, car le prix d'achat d'un produit inclut déjà le coût de l'ensemble des émissions générées tout au long de la chaîne de valeur (sinon, les consommateurs auraient besoin d'informations détaillées pour pouvoir faire un choix éclairé : voir la section 3).

La méthode permettant d'instaurer un prix du carbone est présentée dans le Rapport : les scientifiques et les gouvernements ont fixé un « budget carbone », qui correspond au volume d'émissions que nous pouvons encore générer sans dépasser les limites prévues par les objectifs de la COP21. Selon les calculs du Groupe d'experts intergouvernemental sur l'évolution du climat (GIEC), pour maintenir la hausse des températures au-dessous de 1,5 °C, les émissions ne devront pas dépasser les 700 milliards de tonnes de CO_2 (avec une marge d'incertitude) à l'avenir. En l'absence d'incertitudes, ce budget carbone pourrait facilement être respecté en calculant le volume des quotas au sein du SEQE-UE en fonction du budget carbone de l'Europe[1]. Le prix du carbone est alors fixé par l'équilibre du marché : les acteurs qui estiment qu'il serait trop coûteux de réduire leur pollution peuvent acheter les quotas non utilisés des autres acteurs[2]. Cette approche de « limitation quantitative » permettra la réalisation

1. L'Europe ne dispose pas d'un budget carbone officiel, mais a opté pour une trajectoire d'émissions spécifique (moins 55 % d'ici à 2030 et zéro émission nette d'ici à 2050). Nous prenons cette décision politique comme donnée. Soulignons toutefois que cette trajectoire risque de ne pas être compatible avec une optimisation intertemporelle dans le cadre d'un budget carbone pour l'Europe, car elle risque de donner lieu à un effort insuffisant à court terme, c'est-à-dire une valeur tutélaire du carbone trop faible ces dix prochaines années. Voir C. Gollier (2020), « The cost-efficiency carbon pricing puzzle », TSE Working Paper, n° 18-952, Toulouse School of Economics.

2. En pratique, les acteurs peuvent détenir des quotas non utilisés pour plusieurs raisons. Les entreprises investissent dans les quotas des années avant leur utilisation réelle afin de se prémunir contre le risque lié au prix des quotas (les quotas sont émis longtemps à l'avance, à savoir trente ans dans le cas du SO_2 aux États-Unis, et peuvent être économisés pour usage ultérieur, selon la pratique du « *banking* »). Elles peuvent également se voir attribuer des quotas à titre gratuit dans le cadre d'un système de droits acquis (les gros pollueurs, entreprises ou pays, reçoivent des quotas comme indemnisation partielle). Si leur production est finalement plus verte que prévu, elles revendent ces quotas échangeables. De même, les animateurs

des objectifs fixés : la pollution totale ne dépassera pas le plafond prévu par la COP21.

En pratique, cependant, il existe de nombreuses incertitudes concernant la vitesse de l'évolution du réchauffement climatique, l'émergence et le prix des technologies vertes et la volonté politique de traiter la question climatique. Ainsi, le budget carbone devra certainement être révisé au fur et à mesure, ce qui aura des conséquences sur le prix du carbone. Ce sera donc une source d'incertitude pour les entreprises, les ménages et les inventeurs, qui peineront à estimer les répercussions de ces ajustements sur les futurs prix du carbone, et donc à planifier leurs investissements. Un producteur d'électricité construit une centrale pour trente à cinquante ans, un consommateur achète une voiture électrique pour quinze ans, un inventeur met dix ans à voir son innovation verte se concrétiser et un urbaniste ou un constructeur prend des décisions dont les effets se répercuteront sur une période plus longue encore. L'enjeu financier de telles décisions dépend moins des prix courants que des prix futurs du carbone.

Le Rapport préconise un « cadrage prospectif ». Cela peut se faire de trois manières :

• pour permettre aux acteurs privés et publics de prendre leurs décisions d'investissement, il faudrait leur garantir une certaine stabilité du prix des émissions de carbone en fixant un plancher et un plafond. Ainsi, lorsque l'offre de quotas excède la demande de

de marché (acteurs financiers qui n'ont évidemment pas besoin de quotas) peuvent en détenir temporairement.

manière trop extrême, le prix du carbone atteint le plancher et l'offre de quotas est réduite (les autorités achètent des quotas au prix plancher), ce qui entraîne une diminution plus rapide des émissions de CO_2[1]. Au contraire, lorsque le prix atteint le plafond, des quotas supplémentaires sont vendus au prix pafond pour augmenter l'offre, ce qui aboutit à une baisse plus lente des émissions de CO_2. Selon les recommandations formulées dans le Chapitre I du Rapport, le prix plancher initial doit être fixé à environ 60 euros par tonne de CO_2 en 2021, avant d'augmenter à un rythme de 4 % à 5 % par an (pour atteindre un prix plancher d'environ 190-250 euros par tonne en 2050) ;

• le Rapport évoque également la création d'une banque centrale du carbone dotée d'une gouvernance indépendante et chargée de mettre en œuvre des mesures d'ajustement afin de soustraire ces fluctuations à l'influence des groupes de pression et de l'électoralisme, et donc de renforcer la crédibilité des mesures, à l'instar des banques centrales indépendantes qui sont parvenues à contenir l'inflation ;

• pour garantir un engagement environnemental tout en conservant une certaine souplesse, il est par ailleurs possible pour les États de mettre en place des incitations financières à ne pas émettre trop de nouveaux quotas. Cela pourrait par exemple passer par l'émission de titres par les États qui les contraindrait à indemniser au moins en partie les détenteurs de quotas si le futur prix du carbone était inférieur à la

1. Au Royaume-Uni, le système fonctionne différemment : il ajoute une taxe supplémentaire au prix fixé par le marché.

trajectoire annoncée[1]. Accroître le nombre de quotas à l'avenir serait donc une mesure coûteuse pour les États, qui ne choisiraient d'y recourir que s'ils recevaient de bonnes nouvelles inattendues en matière d'avancées technologiques : dans ce cas, l'augmentation du nombre de quotas n'équivaudrait pas à une diminution de l'ambition climatique.

Pour être véritablement optimale, la tarification du carbone doit être universelle. Dans un souci d'équité et d'efficacité, la taxe carbone que nous proposons s'appliquerait à tous les pollueurs sans exception, contrairement à la taxe carbone actuellement en vigueur en France. Une telle généralisation permettrait également d'éviter les « fuites », c'est-à-dire la délocalisation à l'étranger des activités économiques afin de réduire les coûts dans les pays pratiquant le dumping environnemental. Cette délocalisation peut être évitée grâce aux mécanismes d'ajustement aux frontières. Nous y reviendrons plus bas.

Même si elle est transparente, crédible et universelle, la tarification du carbone n'est pas une panacée. Un prix du carbone est nécessaire, mais il n'est pas suffisant pour atteindre les objectifs fixés par l'Accord de Paris. Par ailleurs, si le champ d'application du système de quotas peut être élargi, il a également des limites. Nous reviendrons sur ce point dans l'axe 3.

1. Ces titres sont plus précisément appelés « options de vente » ou « *puts* » dans le vocabulaire financier. Pour en savoir plus, voir J.-J. Laffont. et J. Tirole (1996), « Pollution permits and compliance strategies », *Journal of Public Economics*, vol. 62(1-2), p. 85-125.

Deuxième axe – Intensification de l'effort en R & D

La catastrophe écologique sera impossible à éviter sans une augmentation majeure de l'effort de R & D. Actuellement, les investissements dans la R & D verte sont insuffisants. Ce phénomène ne s'explique pas par un manque de fonds disponibles pour les prêts : dans le contexte actuel de taux d'intérêt bas, de grandes sommes d'argent attendent d'être investies. C'est davantage la faible rentabilité de la R & D verte qui limite les investissements actuels. L'innovation est essentielle, car elle permet d'améliorer le dilemme entre effets sur l'environnement et effets sur l'économie. Aujourd'hui, ce dilemme pèse particulièrement sur l'Afrique subsaharienne, le Pakistan, l'Inde et même la Chine. Or, si le choix des technologies à faible intensité de carbone devenait plus attractif pour ces pays, la baisse des émissions globales qui en résulterait serait bien plus importante que celle que la France ou l'Europe sont capables de faire à elles seules.

Les subventions générales, destinées à indemniser les innovateurs de tous les secteurs pour l'appropriation partielle des résultats de leurs efforts (c'est-à-dire l'existence de retombées technologiques pour les entreprises concurrentes), ne seront pas suffisantes, et ce pour plusieurs raisons.

Tout d'abord, même si les prix du carbone augmentent et se généralisent, ils risquent de demeurer trop bas en raison de contraintes politiques. Or, un prix bas du carbone n'incitera pas les entreprises à investir dans des technologies vertes. Les prix du carbone très bas dans le passé et l'absence de mention de la tarification du carbone dans de nombreux documents officiels ont créé des anticipations de prix du carbone tout au plus modérées, et ont ainsi découragé la R & D verte.

Par ailleurs, et indépendamment d'une tarification du carbone trop faible, certains des principaux programmes de R & D verte visent à développer les technologies de rupture qui permettront de parvenir à des émissions nulles ou négatives à long terme. Si les industries pharmaceutiques offrent la preuve que le secteur privé est capable de prendre des décisions en matière de R & D fondées sur le long terme, le secteur public continue de jouer un rôle essentiel dans la recherche fondamentale nécessaire[1].

Dans cette perspective, les efforts de R & D peuvent être intensifiés de deux manières. Premièrement, il convient de fixer des objectifs technologiques réalistes pour le secteur privé. Ce dernier est capable de faire des miracles lorsqu'il y est contraint. Pour prendre un exemple très récent, plusieurs vaccins contre le Covid-19 ont été développés à une vitesse inédite, dont certains grâce à des techniques qui n'avaient jamais été

1. Un argument distinct a trait aux retombées induites et non internalisées par celui qui fait de la R & D. Faut- il subventionner plus la R & D sur les énergies vertes ou sur les technologies rendant propres les énergies fossiles (innovations telles que le captage et le stockage du carbone) ? On peut arguer que la recherche sur les énergies propres – celles-ci étant viables à un horizon plus éloigné – produit davantage de retombées que celles rendant propres les énergies fossiles ; cela justifierait des subventions plus élevées que pour les autres filières de la R & D pour une transition écologique.

testées auparavant pour des vaccins[1]. Deuxièmement, la création d'un EU-ARPA-E, équivalent européen de l'organisme américain de financement des technologies vertes, peut faire une différence. Cette agence aurait vocation à financer la recherche de rupture dans les secteurs privés et publics en Europe, afin de faire progresser le domaine des technologies vertes. Sa gouvernance devrait être exemplaire. Nous y reviendrons dans la section 3.

D'ores et déjà, rappelons pour conclure que les résultats des efforts de R & D sont par nature incertains, alors même qu'ils conditionnent la faisabilité de certains scénarios visant à atteindre la neutralité carbone, comme l'a rappelé le récent rapport[2] de RTE (Réseau de transport d'électricité) et de l'AIE (Agence internationale de l'énergie) sur les conditions nécessaires à une production d'électricité exclusivement renouvelable. Cette incertitude ne doit évidemment pas être un prétexte à la procrastination, mais elle

1. Les effets de la procédure d'achat des vaccins contre le Covid-19 doivent encore être analysés. Les marchés publics avaient certes pour objectif d'accélérer les avancées technologiques, mais ils visaient également à devancer les autres pays en matière d'approvisionnement (c'est en tout cas ce que suggère le manque de coopération internationale, à l'exception de la coalition COVAX pilotée par l'Organisation mondiale de la santé, même si personne ne le dira jamais ouvertement). Par ailleurs, nous disposons de peu d'informations sur le scénario contrefactuel : le marché des vaccins anti-Covid est gigantesque et un important effort de R & D aurait sans doute été mené, y compris en l'absence de marchés publics.

2. RTE/AIE (2021), *Conditions et prérequis en matière de faisabilité technique pour un système électrique avec une forte proportion d'énergies renouvelables à l'horizon 2050*, rapport commun commandité par le ministère de la Transition écologique.

doit être intégrée par les pouvoirs publics dans leur stratégie et dans le séquencement de leurs actions. Nous devons faire preuve d'humilité et éviter de mettre tous nos œufs dans le même panier.

Troisième axe – Actions complémentaires

Comme nous l'avons dit plus haut, la tarification du carbone ne suffit pas, et ce pour plusieurs raisons.

Premièrement, le prix du carbone est, pour des raisons politiques, trop souvent maintenu bien plus bas que nécessaire.

Deuxièmement se pose la question de la mesurabilité des émissions. Le nombre important d'acteurs économiques n'est pas nécessairement en cause : les combustibles fossiles destinés aux transports ou au chauffage peuvent être soumis au SEQE-UE, ce qui permet de prélever les taxes au début de la chaîne de valeur et non auprès de chaque foyer, entreprise ou administration. Ceci est déjà le cas pour l'énergie électrique et les industries du ciment et de l'acier. De même, les émissions de méthane générées par l'élevage de bovins peuvent être taxées à l'abattoir. Cependant, les effets de la foresterie sur le réchauffement climatique, certes limités dans l'UE qui compte assez peu de forêts, ou le stockage du carbone au moyen de pratiques agricoles spécifiques, sont plus difficiles à mesurer que les émissions de carbone d'une centrale électrique ou le volume d'essence produit par une raffinerie.

Troisièmement, certaines infrastructures (pour les véhicules électriques ou l'exploitation de l'hydrogène, par exemple) doivent être normalisées, de sorte que les producteurs concurrents puissent approvisionner le marché[1] Avec le principe du pollueur-payeur, les acteurs économiques sont responsabilisés pour leurs propres émissions. Toutefois, autre défaillance du marché, aucun prix ne garantit la convergence des technologies d'entreprises vertes concurrentes vers une norme unique, un bien public. L'État peut contribuer à cette normalisation. S'il doit se montrer impartial en ce qui concerne le choix des technologies, il ne peut rester inactif.

Quatrièmement, de manière générale, la tarification du carbone a davantage d'effets sur les choix des entreprises (centrales électriques, compagnies aériennes, industries du ciment ou de l'aluminium) que sur ceux des ménages, même si elle parvient tout de même à influencer la consommation *courante* de ces derniers : appliquée aux secteurs concernés, elle pousse les ménages à prendre le train plutôt que l'avion, à consommer moins de viande bovine[2] à privilégier le covoiturage ou le télétravail et à limiter le recours à la climatisation. La tarification du carbone semble moins efficace lorsque les consommateurs investissent à long terme. Il y a trois raisons à cela :

• tout d'abord, les ménages sont souvent mal informés des coûts et avantages futurs de leurs démarches

1. Par exemple, les infrastructures de recharge pour véhicules électriques : connecteurs de charge, chargeurs internes ou externes, connexion AC ou DC, voltage, etc.

2. La quantification des émissions de méthane des bovins, qui peut par exemple être réalisée à partir du poid des animaux, est imprécise.

écologiques. C'est le cas de la rénovation thermique, notamment en France où, contrairement à l'Allemagne, les consommateurs bénéficient peu de conseils avisés[1] et les subventions ne sont pas accordées en fonction des économies d'énergie réalisées. Pour que la tarification du carbone soit efficace, les ménages doivent recevoir un accompagnement adéquat dans leur analyse des coûts et des bénéfices ;

• ensuite, les décideurs ne sont pas toujours ceux qui payent les factures. Malgré le certificat de performance énergétique du bâtiment, locataires et propriétaires ne s'accordent pas toujours en matière d'économies d'énergie. En théorie, les bailleurs ont les bonnes incitations à investir dans la rénovation énergétique de leurs bâtiments et appartements si les locataires successifs sont bien informés de la qualité de ces investissements (ce à quoi contribue une certification de la performance énergétique du logement), si ces derniers paient leur facture d'électricité et si le loyer peut s'ajuster pour refléter la moindre consommation d'énergie. Si ces conditions ne sont pas satisfaites, les bailleurs ne feront pas assez d'efforts pour améliorer la performance énergétique. En pratique, quelques études confirment effectivement que

1. Ces conseils venant des professionnels du secteur doivent être considérés avec prudence quand ils ont un enjeu financier. Le bilan de l'isolation thermique se révèle décevant (voir note suivante). Les ménages s'exposent à la fois à un aléa moral (basse qualité des matériaux et de la réalisation) ainsi qu'à une antisélection (les avantages d'une isolation performante dépendent de nombreux paramètres et les consommateurs ne peuvent juger des compétences et de la bonne foi des professionnels) : voir C. Crampes et S. Ambec (2020), « Efficacité énergétique des bâtiments : de la théorie à la pratique », TSE, juillet.

les efforts de rénovation thermique sont plus soutenus quand les propriétaires résident dans le logement. Des problèmes d'asymétrie d'information peuvent également freiner les ardeurs des propriétaires à rénover s'ils sont inquiets quant à la répercussion des investissements en rénovation sur la valeur de leur bien rénové sur le marché du logement, en cas de vente. Finalement, des problèmes de coordination peuvent apparaître dans les immeubles en copropriété ;

- enfin, les données empiriques montrent que les ménages investissent trop peu dans des biens durables de qualité, par manque de liquidités ou de visibilité à long terme. Ce constat pourrait s'appliquer aux choix en matière d'efficacité énergétique, bien qu'il existe de multiples prêts à taux zéro financés par l'État à destination des ménages précaires.

Ces éléments justifient la mise en place de mesures complétant la tarification du carbone, telles que des interdictions ou, plus largement, des normes. Citons par exemple des mesures envisagées ou déjà en place comme l'interdiction des sacs plastiques à usage unique, l'interdiction de vendre ou d'immatriculer de nouveaux véhicules alimentés par certains carburants à partir d'une certaine date, ou encore la création de zones à faibles émissions dont l'accès est interdit aux véhicules à carburants fossiles. À l'échelle internationale, le protocole de Montréal de 1987 relatif à des substances qui appauvrissent la couche d'ozone fait figure d'exemple, car il a permis de fixer des objectifs pour les pays et de répartir les charges.

La mise en place de telles initiatives est grandement facilitée par l'innovation (axe 2). Ainsi, on se souvient de l'évolution dans le domaine de l'éclairage, fruit de réglementations (interdiction des ampoules à incandescence à la fin des années 2000 et au début des années 2010) associées à la R & D (avec la LED, théorisée au début du XXe siècle, puis la LED bleue, créée dans les années 1990). De même, la baisse du coût des voitures électriques et l'augmentation de leur autonomie rendront plus acceptables l'interdiction de nouvelles ventes des véhicules équipés d'un moteur à combustion ou la restriction de leur utilisation dans les « zones à faibles émissions ».

Le Rapport défend la mise en œuvre de mesures complémentaires, tout en préconisant d'étudier en amont l'efficacité de telles interventions. Pour prendre un exemple outre-Atlantique, on sait que les panneaux photovoltaïques (PV) en toiture sont bien plus coûteux que les grandes installations de panneaux dernier cri raccordés au réseau électrique en Californie du Sud, en Arizona ou au Texas, entre autres. Alors pourquoi le gouvernement américain devrait-il subventionner le PV en toiture ? Pour atteindre un objectif de décarbonation, il vaut mieux subventionner le PV en réseau ou investir dans la R & D pour l'exploitation de l'hydrogène ou le stockage à long terme. Le cas de la rénovation thermique, très populaire aujourd'hui, illustre aussi notre propos. En effet, comme le note le Rapport, le coût de la tonne de CO_2 non émise peut atteindre des sommets, sauf pour les bâtiments très mal isolés[1].

1. Voir par exemple M. Fowlie, M. Greenstone et C. Wolfram (2018), « Do Energy Efficiency Investments Deliver ? Evidence from the Weatherization Assistance Program », *Quarterly Journal*

Idéalement, il conviendrait d'évaluer les effets de ces mesures de manière systématique[1], et ce pour s'assurer que le prix implicite du carbone sur lequel se fonde la mesure concernée concorde bien avec le prix appliqué par ailleurs. En d'autres termes, toute norme, interdiction ou subvention qui conduit le consommateur ou le contribuable à dépenser 1 000 euros pour économiser une tonne de CO_2 ne s'inscrit pas dans une politique verte : décarboner sa production de 20 tonnes de CO_2 coûte moins de 1 000 euros à un fournisseur d'électricité utilisant du charbon ; et donc un prix du carbone de 50 euros aurait permis d'économiser 20 tonnes au lieu d'une. Sous réserve d'un coût raisonnable et d'une stratégie globale cohérente (les interdictions, normes et subventions devront être « évaluées » avec une estimation approximative de leur coût implicite par tonne éliminée), nous considérons que ces instruments peuvent s'inscrire dans un dispositif optimal. Plus le prix du CO_2 sera maintenu artificiellement bas, plus leur rôle sera important.

La Convention Citoyenne pour le Climat (CCC) émet plusieurs recommandations judicieuses dans ce

of Economics, vol. 133 (3), p. 1597-1644. Sur un échantillon de ménages à faible revenu résidant aux États-Unis, les économies estimées sont environ 2,5 fois supérieures aux économies réelles. Blaise et Glachant (« Quel est l'impact des travaux de rénovation énergétique des logements sur la consommation d'énergie ? Une évaluation *ex post* sur données de panel », *Revue de l'Énergie*, 2019) constatent qu'en France, l'écart est plus important encore, avec des économies estimées presque 8 fois supérieures aux économies réelles.

1. De plus, la mise en œuvre de telles mesures dans des secteurs soumis à un prix du carbone élevé serait redondante avec la tarification du carbone.

sens (certaines figurent dans le Rapport), qui tendent toutefois à privilégier les subventions et les interdictions. Comme nous le soulignons, les subventions correspondent toujours à une taxe puisqu'elles doivent être financées, tandis que les interdictions se révèlent indirectement coûteuses. L'urgence climatique appelle des sacrifices, mais elle nous oblige aussi à bien choisir les combats que nous menons afin que ces sacrifices ne soient pas vains. Ne pas grever trop le pouvoir d'achat nécessite de soumettre les recommandations de la CCC à une analyse coûts-bénéfices (elle est en cours). Le même impératif s'applique aux normes relatives à la composition des portefeuilles énergétiques, mesure appliquée dans le monde entier et qui impose qu'une fraction minimale de la demande en électricité soit couverte par les énergies éolienne, solaire ou hydraulique[1]. Nous recommandons de systématiser ce processus, afin d'éclairer le débat par des données pertinentes. Ainsi, aux États-Unis, le Bureau de la gestion publique et du budget (Office of Management and Budget) et l'Agence pour la protection de l'environnement (Environmental Protection Agency) évaluent les réglementations de ce type à l'aune du coût social du carbone. Nous y reviendrons plus loin.

1. Il convient d'adopter des techniques économétriques de pointe afin de pouvoir estimer correctement les effets de ces mesures. Voir par exemple M. Greenstone et I. Nath (2020), « Do Renewable Portfolio Standards Deliver Cost-Effective Carbon Abatement ? », *EPIC Working Paper*, n° 2019-62, Energy Policy Institute at the University of Chicago. Cette étude montre qu'aux États-Unis les obligations d'achat d'énergie renouvelable imposées aux compagnies d'électricité ont considérablement réduit les émissions de CO_2, mais à un coût très variable : le coût par tonne de CO_2 évitée varie entre 58 et 298 dollars et dépasse généralement les 100 dollars.

L'agriculture produit 20 % des émissions mondiales de GES ; elle est la cause de 42 % des émissions totales de méthane et de 75 % des émissions totales d'oxyde nitreux, deux puissants gaz à effet de serre. Des mesures incitatives doivent viser à mettre un terme à la déforestation et à la dégradation des terres, ainsi qu'à promouvoir les puits de carbone terrestres. Pour ce faire, il convient d'améliorer les technologies de télédétection afin d'évaluer les conséquences réelles des efforts privés. L'agriculture durable et diversifiée, l'agriculture de précision et l'agriculture verticale sont autant d'exemples de mesures qui contribuent à réduire nos émissions de carbone. Source majeure de pollution[1], l'agriculture doit être au cœur des préoccupations des décideurs politiques.

Un urbanisme ambitieux et des programmes de transport public sont également nécessaires. L'aménagement des villes, l'utilisation des sols et les systèmes de transport (y compris les parkings-relais) doivent être adaptés ou réorganisés. La stratégie de verdissement des villes peut également présenter des co-bénéfices dans le domaine de la santé ou de l'exposition aux vagues de chaleur. Ces mesures environnementales nécessiteront des mesures complémentaires. Elles augmenteront encore les revenus fonciers des propriétaires de biens situés en centre-ville, d'autant plus que les

1. Les émissions d'ammoniac du secteur agricole, très dangereuses pour la santé, ne cessent d'augmenter. Les États membres de l'UE peinent à faire respecter les normes européennes en matière de pollution atmosphérique. De manière générale, un changement radical des pratiques agricoles s'impose, mais son introduction est freinée pour des raisons politiques.

municipalités se prononcent contre la densification (impopulaire auprès des propriétaires, qui souhaitent maintenir ou augmenter leur rente foncière). Les gains liés à la hausse des prix de l'immobilier provoquée par les mesures vertes (interdiction de véhicules polluants, suppression des places de stationnement, etc.) doivent bénéficier à la collectivité, éventuellement par l'instauration d'un impôt sur les plus-values. En France, dans les cas du TGV, des nouvelles lignes de transport urbain, ou des programmes de rénovation urbaine, cette redistribution collective des gains issus de l'investissement public n'a pas eu lieu.

La politique du logement, au-delà des questions économiques dont elle fait habituellement l'objet (incidence réelle des subventions octroyées au logement, réallocation du logement social vers ceux qui en ont le plus besoin, fluidification du marché de la location, etc.), a un lien évident avec la lutte contre le réchauffement climatique. Nous avons déjà mentionné la rénovation énergétique et l'utilité d'accompagner les ménages (en particulier les ménages à revenu modeste) dans leurs travaux par un conseil efficace, des subventions conditionnées à une performance énergétique vérifiée et une montée en capacité des artisans du secteur. Ces politiques permettent de réduire la consommation énergétique des bâtiments et d'encourager l'utilisation des bâtiments existants plutôt que la construction pavillonnaire. La densification des villes, malgré la résistance des propriétaires soucieux d'accroître leurs rentes foncières, est un instrument nécessaire, tant pour lutter contre l'étalement des villes et ses corollaires (utilisation forte des déplacements automobiles, artificialisation des sols) que pour réduire l'inégalité intergénérationnelle. La responsabilisation des propriétaires de friches industrielles – les forçant à rénover la friche, à la désartificialiser ou à la revendre – peut aussi participer au combat contre le réchauffement climatique. Enfin, la diminution de la demande de bureaux due au Covid-19 donne une occasion de transformer certains bureaux en appartements, une occasion qui devrait être systématiquement exploitée en facilitant le processus de marché.

Apprentissage par la pratique et marchés publics

Utilisant comme exemple la chute des coûts de l'énergie éolienne et solaire au cours des quarante dernières années, les gouvernements recourent souvent à des objectifs contraignants – que nous appellerons par souci de concision des « mandats » – en matière d'énergie renouvelable pour les compagnies d'électricité, ou à d'autres mesures incitatives pour encourager l'adoption de technologies vertes existantes, en vue de réduire le coût de production de ces énergies. La raison est que, indépendamment de tout effort de R & D (davantage encouragé par les subventions dans ce domaine que par les incitations à adopter les technologies actuelles), les industriels apprennent par la pratique : ils rectifient les erreurs d'ingénierie au fil du temps, tandis que les coûts de production diminuent avec l'expérience. Les mandats, en obligeant les services publics à intégrer une fraction minimale d'énergies renouvelables dans leur portefeuille, ne visent pas les nouvelles générations de technologies, mais tentent plutôt d'encourager l'amélioration progressive des technologies existantes.

Si la R & D, l'apprentissage et les économies d'échelle forment un cercle vertueux incontestable, les chercheurs peinent à quantifier l'influence relative de chaque élément sur la réduction des coûts, que ce soit pour les technologies existantes[1] ou, à plus forte raison, pour celles à venir. La diversité des évaluations au sein de la commission n'a donc rien de surprenant.

Pour certains membres de la commission, il semblait impératif d'adopter des mandats et d'autres mesures incitatives visant à faire baisser le coût des technologies existantes et émergentes. Selon ce point de vue, les interdictions et les normes sont essentielles, même si elles gagneraient à être soigneusement évaluées. Deux solides arguments justifient cette position. Le premier est celui de l'urgence ; en effet, de multiples outils doivent être rapidement mis en œuvre. Le second concerne les bienfaits indéniables de certaines de ces technologies, notamment de l'énergie solaire,

1. La raison en est simple. Les effets de la R & D (publique et privée), des économies d'échelle et de l'apprentissage par la pratique sont simultanés et interdépendants. Ainsi, la R & D, les subventions et les mandats gouvernementaux (obligations en termes d'énergie renouvelables) permettent, par exemple, la mise sur le marché d'éoliennes ou de modules photovoltaïques. Les développeurs, les fabricants d'équipements et les entreprises de construction apprennent à déployer ces technologies, tirent des leçons de leurs erreurs, réalisent des bénéfices et en consacrent une partie à leur R & D interne, afin de concevoir des éoliennes plus grandes et plus performantes, ou des modules photovoltaïques et des pointeurs plus efficaces. Le marché finit par se consolider et la demande augmente, de sorte que les producteurs bénéficient de rendements d'échelle.

pour les pays pauvres, où les émissions de carbone, si elles ne sont pas contrôlées, ne cesseront d'augmenter.

D'autres ont considéré que les interdictions et les normes ne sont utiles que sous réserve d'une évaluation minutieuse et ont souligné deux dangers associés aux mandats et autres mesures incitatives. Au regard des précédents arguments, le premier semble évident : il est difficile d'anticiper la progression des courbes d'apprentissage et nul ne souhaite détourner l'argent public des actions vertes dont on sait qu'elles produiraient un effet beaucoup plus fort sur le climat. Le second concerne l'engagement. Quand les réductions de coûts se stabilisent, ce qui finit par arriver, les mandats et les subventions deviennent superflus[1] Pourtant, le gouvernement peine souvent à y mettre fin. Il est donc essentiel de définir préalablement une liste de critères permettant la suppression des mesures de soutien dès que les coûts diminuent et que le déploiement s'intensifie.

Un processus de décision transparent et efficace

Nous conclurons cette réflexion sur les mesures complémentaires par deux recommandations, étroitement liées. Compte tenu de l'extrême urgence de la situation, le recours nécessaire à une évaluation approfondie par des experts ne doit en aucun cas servir d'excuse à la procrastination. Ceci a deux corollaires :

1. Par exemple, lorsque les énergies éolienne et solaire concurrencent suffisamment les technologies à combustibles fossiles, il convient de mettre fin aux subventions.

• *une tolérance vis-à-vis d'estimations approximatives.* L'analyse coûts-bénéfices repose sur des hypothèses. Or les variables prises en compte pour élaborer ces hypothèses sont incertaines. Par exemple, certaines estimations du coût de la tonne de CO_2 non émise sont imprécises. Pour évaluer le coût que représenterait l'interdiction des véhicules équipés d'un moteur à combustion interne classique, il faut anticiper la courbe d'apprentissage en ce qui concerne les batteries, la disponibilité des métaux rares, la capacité des gouvernements à imposer des normes sur les stations de charge ou encore l'évolution de la composition du bouquet énergétique. L'évaluation des pistes de R & D à haut risque et des courbes d'apprentissage imprécises est bien plus ardue encore. Mais cette incertitude ne doit pas justifier l'inaction ;

• *la proactivité des évaluations.* La valeur de l'analyse coûts-bénéfices dépend de l'expertise et du temps qui lui sont consacrés (études d'ingénierie et d'économétrie, essais randomisés contrôlés, etc.). Toutefois, l'urgence climatique impose que la rigueur de l'analyse coûts-bénéfices ne ralentisse pas le processus décisionnel.

Il convient donc de mettre en place une unité de suivi qui produirait, à l'aide des meilleurs outils disponibles, des estimations transparentes et objectives, actualisées à mesure que les données s'accumulent, que les connaissances évoluent et que le débat scientifique génère des informations. Ces estimations contribueraient alors au processus de décision sans retarder l'action. Dans un souci de transparence et d'efficacité, les représentants et les décideurs publics disposeraient d'un accès rapide aux données leur permettant d'anticiper les effets des mesures envisagées. Tous les programmes de subventions ou de mandats gouvernementaux devraient imposer la transparence des calculs du coût marginal d'une tonne de CO_2 non émise.

Pour être concret, on peut envisager par exemple de créer une commission permanente, dont la structure serait similaire à celle du groupe d'experts sur le SMIC et qui bénéficierait du soutien technique d'un organisme indépendant, ou encore d'attribuer plus d'importance à l'évaluation socioéconomique dans des structures déjà existantes[1] Des économistes, scientifiques et autres experts de haut niveau actualiseraient régulièrement leurs estimations des prix actuels et futurs du carbone et des coûts par tonne de CO_2 non émise. Les résultats obtenus orienteraient la prise de décision publique, de la conception des appels d'offre (voir infra) à l'évaluation de l'impact des politiques budgétaires et fiscales (« green budgeting »). Cette commission ouvrirait ainsi la voie à la

1. Il y a déjà en France plusieurs instances ayant compétence sur la politique climatique, dont le Haut Conseil pour le climat (une autorité indépendante), le Conseil général de l'environnement et du développement durable, le Conseil économique pour le développement durable, ainsi que plusieurs organismes transversaux comme le Secrétariat général pour l'investissement (responsable de la mise en œuvre du Programme d'investissements d'avenir) ou encore France Stratégie. Nous n'avons pas de recommandation particulière quant à la réorganisation de ces instances. En revanche, ces structures, notamment le Haut Conseil pour le climat, n'ont généralement pas les moyens de faire les évaluations économiques qui permettraient de maximiser l'impact écologique à dépense donnée. Il nous semble donc important que la forte culture d'évaluation socioéconomique de la commission Criqui, une structure existante placée sous l'égide de France Stratégie, se diffuse dans l'État.

création, indispensable, d'une structure similaire au niveau européen. Il conviendra à ce sujet de veiller à ce que l'European Climate Change Council, dont la création est prévue dans la proposition de « loi européenne sur le climat » du Parlement européen et qui doit être composée de scientifiques chevronnés, ait un volet important d'évaluation socioéconomique. En résumé, si de bonnes estimations sont difficiles à produire, elles permettraient toutefois d'identifier, pour une dépense donnée, des pistes prometteuses en matière de bénéfices environnementaux.

Quatrième axe – Indemnisation

Les « perdants » des mesures en faveur du climat sont souvent négligés. La taxe carbone, qui a déclenché le mouvement des Gilets jaunes, se justifiait sur le plan économique[1] Toutefois, c'est l'absence de mesures destinées à compenser, au moins en partie, ses

1. Certains avancent toutefois que le prix de l'essence à la pompe inclut déjà un taux de taxation du CO_2 implicite et effectif supérieur à la valeur du SEQE-UE. L'inclusion du prix du carbone au prix de l'essence est totalement justifiée. En outre, ce prix devrait correspondre à la valeur tutélaire du carbone, qui est le prix du carbone, indexé en fonction du temps, nécessaire à la réalisation de l'objectif d'émissions de la COP21 et était jusqu'ici bien supérieur au prix du SEQE-UE. En pratique, le prix de l'essence englobe à la fois le prix du pétrole, le coût de son raffinage et de sa distribution, mais aussi une série de cotisations qui correspondent aux considérations générales de collecte de recettes (comprises dans la TVA), à la tarification des encombrements, à l'émission de particules et, bien évidemment, aux émissions de CO_2.

conséquences sur les ménages défavorisés et les automobilistes en zones rurales et périurbaines peu desservies par les transports publics qui lui a été reprochée. Par souci de clarté, précisons les éléments suivants :

• tout le monde ne peut être indemnisé puisque, comme nous l'avons vu, le combat contre le changement climatique a un coût. Dans le cadre d'un compromis intergénérationnel entre coûts actuels et préjudices futurs pour notre planète, il nous faut faire au mieux, mais la lutte contre le changement climatique ne sera pas gratuite. En outre, on ne devrait pas compenser tous les agents économiques touchés par la transition écologique. Si les travailleurs doivent être protégés, ce n'est pas le cas des actionnaires, notamment ceux dont les entreprises savaient et qui ont eu l'occasion de changer leurs technologies, mais qui se retrouvent désormais avec des actifs sans valeur. Et si indemnisation il y a, elle doit être conçue pour ne pas dissuader les entreprises d'adopter des technologies vertes ;

• les indemnisations ne seront jamais totalement équitables pour l'ensemble des populations ciblées : certains (ceux, par exemple, qui ne se servent pas d'un véhicule et perçoivent malgré tout une indemnisation, sous la forme d'un chèque énergie, pour « compenser » la taxe carbone sur l'essence) réaliseront des gains d'aubaine, tandis que d'autres subiront malgré tout un coût net. Chaque situation est unique et l'État ne dispose ni des informations ni du personnel nécessaire pour traiter chaque cas particulier. Ainsi, nous n'avons pas d'autre choix que d'accepter des solutions imparfaites, car il est toujours préférable d'agir (pour faire un parallèle avec la lutte contre le tabagisme, les mesures antitabac, régressives dans de nombreux pays, n'auraient jamais été mises en œuvre si le législateur avait attendu de trouver la solution idéale en matière d'indemnisation).

L'indemnisation doit être rétroactive et non anticipative ; elle doit compenser le coût infligé aux perdants sans être récurrente. En effet, dans le cas de travailleurs résidant dans une zone rurale très éloignée de leur lieu de travail, la mise en place d'une indemnisation récurrente ne les inciterait pas à trouver un emploi à proximité de leur logement ou à se rapprocher de leur lieu de travail s'ils en avaient la possibilité (ce qui n'est pas toujours le cas). Toutefois, des solutions existent. Même un transfert forfaitaire unique, un « chèque vert », permettrait de redistribuer les recettes de la taxe carbone et profiterait aux ménages les plus pauvres. La redistribution pourrait même devenir plus spécifique et plus progressive. Il convient en tout cas de cibler les perdants réels autant que possible, en évitant les effets d'aubaine, et d'inciter à des comportements plus écologiques à l'avenir.

Sur ce sujet, des divergences d'opinions se sont fait jour au sein de la commission : certains membres préféraient qu'une partie des recettes de la taxe carbone ne soit pas redistribuée, mais qu'elle serve au financement des actions vertes. Ainsi, l'État montrerait sa confiance dans la capacité de la taxe carbone à contribuer réellement à la lutte contre le changement climatique et donc à être plus qu'une simple recette fiscale. En contrepartie, l'utilisation d'une partie des recettes pour financer des projets verts impliquerait que moins de fonds soient disponibles pour compenser les perdants de la transition.

Si la réduction de l'empreinte carbone entraîne systématiquement des coûts, le montant de la somme à dépenser et les effets du changement climatique varient d'un pays à l'autre. De ce fait, une indemnisation à l'échelle internationale semble aussi indispensable. L'abandon du charbon, dont les émissions de CO_2 sont bien plus importantes que celles des autres combustibles fossiles, constitue un objectif parfaitement atteignable. Pourtant, au niveau européen comme à l'échelle mondiale, ce projet tarde à être réalisé. En Europe, la Pologne et l'Allemagne comptent parmi les plus grands producteurs de charbon. La fermeture de leurs centrales à charbon entraînera des coûts humains importants et leurs travailleurs mériteraient d'être compensés pour la perte de leur emploi. Cependant, le report des fermetures ne fait que retarder ces coûts et génère dans l'intervalle une grande quantité d'émissions. Il convient donc d'indemniser les perdants. Ceci a été fait dans le passé par le biais de l'allocation de quotas gratuits aux perdants de la transition (à condition que ces quotas ne viennent pas diminuer l'ambition finale). Dans les années 1990, aux États-Unis, un système de plafonnement et d'échange a permis de réduire de moitié les émissions de SO_2 et de NO_x, qui causent les pluies acides. Les États du Midwest ont alors été indemnisés par des quotas d'émission gratuits. De même, les pays d'Europe de l'Est ont reçu des quotas gratuits en échange de leur participation au Protocole de Kyoto de 1997. Ceci doit être fait au sein de l'Union européenne.

Cinquième axe – Influence internationale

L'UE-27 ne représente qu'une toute petite pièce du puzzle du changement climatique, puisqu'elle ne produit que 9 % des émissions mondiales. La France, quant à elle, en génère moins de 1 %. De plus, les émissions futures proviendront essentiellement des pays émergents, réduisant ainsi davantage la part de l'Europe. Celle-ci ne peut donc pas agir seule. Elle a toutefois un rôle à jouer, d'autant plus que la réduction des émissions à l'échelle mondiale lui sera bénéfique. Voici comment elle peut agir :

- premièrement, en montrant l'exemple. Cette stratégie n'a certes pas fait ses preuves pendant la mise en œuvre du Protocole de Kyoto[1], mais une approche volontariste peut encourager un passage à l'action tout en attirant l'attention sur les pays qui refusent de participer à l'effort collectif ;
- deuxièmement, en mettant en place un système de sanctions. Ainsi, le mécanisme d'ajustement-carbone

1. Une répartition inégale des efforts entre pays (offrant aux pays comme les États-Unis une bonne excuse pour déroger à l'accord) combinée à l'absence d'un outil de sanction (comme un mécanisme d'ajustement carbone aux frontières en cas de non-respect de l'accord) explique pourquoi l'Europe est restée seule active dans la tarification du carbone (par l'intermédiaire du SEQE-UE). De façon peu surprenante, son activisme climatique perdit en intensité : l'Union européenne refusa de stabiliser le prix du carbone lorsque ce dernier tomba à moins de 10 euros la tonne, en raison des crises financières et du développement des énergies renouvelables en Allemagne et ailleurs en Europe. Ceci dit, le SEQE-UE a récemment mis en place un système de réserve de stabilité du marché pour éviter que cette expérience ne se renouvelle.

aux frontières permet à la fois d'assurer des conditions de concurrence équitables entre les entreprises nationales et les importateurs en matière de prix du carbone (on y revient plus bas) et d'encourager les pays réticents à s'engager. Si elle est bien appliquée, cette taxe aux frontières élimine l'avantage concurrentiel dont jouissent les entreprises situées dans des pays où les règlementations environnementales sont laxistes. En plus d'uniformiser les conditions de concurrence, elle exerce également une pression sur ces pays permissifs, car leur avantage concurrentiel sur le marché de l'exportation disparaît (en fait, ils préfèreront percevoir eux-mêmes la taxe carbone sur leurs exportations). Les auteurs du Chapitre I du Rapport soulignent également que les ajustements fiscaux aux frontières sont plus efficaces que les accords commerciaux bilatéraux ou multilatéraux subordonnés au respect des engagements pris par chaque pays lors de la COP21, puisque ces instruments sont non contraignants au titre du droit international ;

• troisièmement, en s'engageant dans la R & D verte, en mettant les technologies qui en résultent à la disposition des pays pauvres et en contribuant à démontrer la viabilité des technologies existantes. En outre, l'Union européenne peut, par l'intermédiaire des banques multilatérales de développement, du FMI (Fonds monétaire international) et des institutions de financement du développement, aider les pays émergents et en développement à adopter des technologies à faible intensité de carbone ; ces pays joueront bientôt un rôle majeur dans la croissance de la production et des émissions. Enfin, l'innovation ne se limite pas aux technologies. L'Union européenne pourrait, par exemple, offrir 5 % des recettes du carbone aux pays en développement pour permettre la mise en place d'une vérification des émissions et la création de marchés du carbone. L'instauration d'un système de plafonnement et d'échange en Inde aurait par exemple des avantages considérables et représenterait pour l'UE une contribution relativement peu coûteuse à l'atténuation du changement climatique. À l'échelle mondiale, l'innovation stratégique reste insuffisante. L'Europe pourrait pourtant bénéficier des réductions d'émissions qui en découlent ;

• enfin, l'Europe doit jouer un rôle de premier plan dans la promotion d'accords internationaux crédibles et efficaces.

3. PISTES DE RÉFLEXION POUR L'AVENIR

Actions gouvernementales

Renforcement du SEQE-UE et absence d'exemptions

Un prix du carbone devrait, dans la mesure du possible, s'appliquer à tous les acteurs, et ce pour six raisons.

• *Maîtriser les coûts.* Il est coûteux de taxer certaines émissions plutôt que d'autres. Ainsi, avec un prix du carbone de 50 euros appliqué dans quelques secteurs uniquement, certains dépenseraient 45 euros par tonne pour réduire leurs émissions, tandis que d'autres, exonérés de tout paiement même s'ils polluent, ne voudraient pas payer 5 euros pour éviter d'émettre une tonne de carbone. Ce phénomène se vérifie également à l'échelle internationale. En France, une réduction drastique (en pourcentage) des émissions dues à la production d'électricité entraînerait des coûts considérables, étant donné que la production est déjà largement décarbonée. Il serait absurde de vouloir obtenir des réductions d'émissions identiques dans tous les secteurs. En revanche, la réduction des 39 % d'émissions mondiales de combustibles fossiles qui résultent encore de la production à base de charbon, notamment dans les pays où le prix du carbone est nul ou très faible, semble à portée de main.

Un prix du carbone unique permet, en outre, d'équilibrer les fortes variations du coût de la décarbonation selon les usages. Si ce dernier reste relativement faible pour l'électricité et les véhicules légers, il se révèle plus élevé pour les bâtiments (anciens), voire très élevé pour des secteurs comme l'aviation ou le transport maritime. L'abandon des combustibles fossiles et la R & D (tous deux encouragés par la tarification du carbone) porteront leurs fruits. Il conviendra de développer les combustibles de substitution, la capture et le stockage du carbone, les émissions négatives (captage du CO_2 dans l'air, par exemple), options qui sont pour le moment bien plus onéreuses.

• *Respecter le principe d'équité.* Les exonérations sont inéquitables. Le mouvement des Gilets jaunes a mis en lumière le fait que les routiers, les pêcheurs, les agriculteurs, les compagnies aériennes et les taxis ne payaient que partiellement la taxe carbone. Une politique de non-exemption multiplierait bien entendu le nombre de groupes susceptibles de s'opposer à la taxe carbone (agriculteurs, chauffeurs de taxi, chauffeurs routiers, gestionnaires immobiliers, propriétaires, etc.). Toutefois, une telle stratégie revêt davantage de légitimité qu'un ensemble de mesures disparates. En outre, pour renforcer cette légitimité, il conviendrait d'associer l'indemnisation à une démarche pédagogique, afin d'exposer l'opacité des solutions alternatives et d'expliquer que les subventions cachent en réalité des taxes.

En conséquence, nous recommandons l'inclusion de secteurs comme le logement et le transport dans le SEQE-UE. Cette inclusion ne doit cependant pas conduire à une perte d'ambition. Comme nous l'avons remarqué, le prix SEQE-UE est pour l'instant beaucoup trop faible (il était encore à 25 euros en 2020, avant la remontée début 2021 autour de 50 euros, proche du niveau de la taxe carbone en France). On peut penser à deux solutions dans ces conditions. La meilleure approche est de négocier une ambition supérieure pour le SEQE-UE, ce qui permettrait la fermeture des charbonnages parmi d'autres effets désirables. Mais en attendant que les contraintes politiques au niveau de l'Europe soient levées, nous préconisons d'inclure quand même ces secteurs dans le SEQE-UE et d'instaurer une taxe additionnelle nationale qui comble le différentiel ; cette surtaxe évoluerait en fonction du prix SEQE-UE. Après tout, c'est ce que les Anglais ont fait en 2013 pour éliminer le charbon (le prix SEQE- UE avoisinait alors les 10 euros).

• *Limiter l'influence des groupes de pression.* Les exonérations constituent des niches fiscales qui attirent les groupes de pression. Dès que l'État ouvre la boîte de Pandore des exonérations, ces derniers accourent.

• *Freiner la délocalisation.* Le principe de non-exemption[1] présente un autre corollaire majeur. Les importations qui génèrent des émissions dont les producteurs ne sont pas tenus responsables ne doivent pas bénéficier d'avantages concurrentiels par rapport à la production nationale qui est, quant à elle, soumise à la tarification du carbone. Autrement dit, la tarification du carbone ne doit pas conduire à la délocalisation de la production nationale. En Europe, il est possible de restaurer l'équilibre des conditions de concurrence à l'aide d'un mécanisme d'ajustement carbone aux frontières, qui soumet les importations au prix correspondant à leur teneur en carbone, en appliquant le même prix du carbone que pour les entreprises européennes. Cette stratégie, simple en théorie, se révèle plus complexe en pratique. Pour que la taxe aux frontières reflète de façon adéquate les émissions liées aux importations, il est nécessaire de disposer d'informations précises sur les chaînes de valeur, ce qui est difficile. C'est pourquoi les économistes manifestent un enthousiasme modéré à l'égard d'une telle taxe. Elle nous paraît cependant nécessaire, ne serait-ce que pour obliger les pays laxistes à rejoindre la table des négociations et à contribuer à

1. La France consomme plus de CO_2 qu'elle n'en produit. L'empreinte carbone des importations est deux fois plus importante que celle des exportations.

réduire leurs émissions. Notons par ailleurs que l'Europe pourra difficilement justifier un ajustement aux frontières sur la scène internationale si elle manque de rigueur en interne et autorise les exonérations. Dit autrement, l'Europe ne pourra justifier un ajustement fiscal aux frontières que sur les produits dont les émissions de carbone sont taxées au sein de l'UE.

• *Supprimer progressivement les subventions aux combustibles fossiles.* La mise en place d'un prix du carbone unique implique également la suppression des subventions aux combustibles fossiles, aujourd'hui omniprésentes dans le monde. Ces subventions correspondent à la différence entre le coût total pour la société du combustible fossile (coût de production et de livraison + coût induit de la pollution atmosphérique locale et du réchauffement climatique, soit la valeur tutélaire du carbone + considérations générales relatives à l'augmentation des recettes, estimées par le niveau de TVA) et le prix payé par l'utilisateur du combustible. On estime que les subventions aux combustibles fossiles s'élèvent à 6,5 % du PIB mondial[1] avec, en tête des pays qui subventionnent le plus, la Chine, les États-Unis et la Russie. Si la sous-tarification directe des combustibles fossiles (du gazole en France et en Allemagne) est une forme de subvention très courante, il en existe d'autres moins manifestes. Ainsi, aux États-Unis, l'absence de nantissement a poussé

1. Voir D. Coady, I. Parry, L. Nghia-Piotr et B. Shang (2019), « Global Fossil Fuel Subsidies Remain Large : An Update Based on Country-Level Estimates », *IMF Working Papers*, 2019/89, mai. Si, pour les raisons méthodologiques évoquées dans le document, ce chiffre demeure imprécis, il est indéniablement élevé.

les sociétés pétrolières et gazières à garder les puits ouverts lorsqu'ils cessent d'être rentables, générant ainsi d'importantes émissions de méthane. De même, on pense aux subventions versées aux compagnies aériennes à bas coûts ou aux subventions liées au financement des exportations (par la Banque publique d'investissement, BPI en France) pour les projets de prospection pétrolière et gazière, les pipelines ou les terminaux GNL (gaz naturel liquéfié). Bien que nettement inférieures à celles de la Chine, des États-Unis et de la Russie, les subventions européennes aux combustibles fossiles doivent être progressivement supprimées. Par ailleurs, la directive européenne relative à la taxation des produits énergétiques et de l'électricité manque toujours d'ambition. Les subventions aux combustibles fossiles se traduisent souvent par un prix du carbone négatif[1], et dans tous les cas par un prix du carbone insuffisant.

• *Récompenser les émissions négatives.* Si on veut réaliser l'objectif de zéro émission nette, les émissions négatives sont indispensables. On constate un intérêt grandissant pour un large éventail de technologies d'élimination du carbone, naturelles ou non. En théorie, une fois certifiées, ces émissions négatives devraient être récompensées par des « crédits »[2] dont

1. C'est le cas lorsque, abstraction faite de son incidence sur le changement climatique, le coût total du combustible (coût de production et de livraison + coût induit de la pollution atmosphérique locale + considérations générales sur les recettes fiscales) dépasse le prix payé par l'utilisateur du combustible fossile.

2. Bien entendu, seuls les acteurs payant pour leurs émissions de carbone peuvent prétendre à ces crédits. Sans cela, tous pourraient

la valeur correspond au prix du carbone. Il s'agit là encore de s'assurer que les mêmes mesures incitatives s'appliquent à toutes les actions mises en place pour atténuer le changement climatique[1].

Production d'électricité

La production d'électricité doit subir une transformation quantitative comme structurelle. D'une part, il sera nécessaire de produire beaucoup plus d'électricité pour répondre à la demande croissante due à l'utilisation de véhicules électriques, aux bâtiments écologiques (dotés de pompes à chaleur, par exemple) et à la production d'hydrogène vert (qui utilise de l'énergie exempte de CO_2 pour alimenter l'électrolyse qui décompose l'eau en hydrogène et en oxygène) pour les transports et les processus industriels à très haute température. La production, la distribution et le transport d'électricité seront ainsi soumis à une forte pression. D'autre part, la majeure partie de l'électricité devra provenir de sources non carbonées. Si cet objectif est déjà presque atteint en France, ce n'est pas le cas dans le reste de l'Europe. La transition

---

produire des émissions, les capter de nouveau puis réclamer des crédits, comme on l'a vu avec le trifluoroéthane ou le HFC-23 dans le cadre du mécanisme pour un développement propre du Protocole de Kyoto.

1. Ainsi, il convient d'éviter les erreurs commises lors de la mise en place du mécanisme pour un développement propre qui, faute de données vérifiables, a échoué. Les crédits étaient exclusivement attribués au sein du territoire européen et l'augmentation du nombre de quotas qui en a résulté a provoqué la baisse des prix du carbone dans le SEQE-UE.

doit par conséquent faire l'objet d'une vraie réflexion. Nous avons mentionné plus haut la sortie rapide du charbon, qui n'entraînera pas de forte hausse du prix de l'électricité pour les consommateurs.

Si les énergies renouvelables doivent être largement déployées, il est possible que leur coût total reste élevé en raison de problèmes d'équilibre du système électrique et de transport d'électricité. Tout d'abord, les sources d'énergie renouvelable sont intermittentes. Ainsi, en l'absence de batteries ou d'autres moyens de stockage peu onéreux, elles doivent être complétées par d'autres moyens de production qui, s'ils sont à forte intensité de carbone, risquent d'annuler tous les bénéfices écologiques des énergies renouvelables. Par ailleurs, en Europe, les meilleures ressources éoliennes sont situées au nord, en particulier en mer, tandis que les meilleures ressources solaires se trouvent au sud. Le transport d'électricité verte entre son lieu de production et son lieu de consommation présente des difficultés pour les réseaux à haute tension, liées aux considérations économiques comme aux réactions de type « pas dans mon jardin ». Le problème s'est déjà posé en Allemagne : alors que les parcs éoliens sont situés dans le nord du pays, une grande partie de l'électricité est consommée dans le sud. Or, entre les deux régions, le réseau de transport d'électricité à haute tension a des capacités limitées, insuffisance qui a parfois conduit à remplacer l'énergie éolienne produite dans le nord par de l'électricité produite dans le sud à partir de combustibles fossiles. Ce problème se posera de plus en plus à l'avenir, au fur et à mesure que les énergies renouvelables prendront de l'ampleur.

En ce qui concerne l'énergie solaire, dont l'exploitation, comme celle de l'énergie éolienne, a fait l'objet de progrès technologiques spectaculaires ces dix dernières années, il semble bien plus pertinent d'installer des panneaux photovoltaïques en Andalousie ou en Afrique du Nord que dans le nord de la France ou encore plus au nord ; mais cela nécessite de résoudre le problème du transport haute tension vers l'Europe de l'électricité produite en Andalousie ou en Afrique du Nord.

En plus de leur impopularité, les lignes de transport à haute tension posent un autre problème : leur développement en Europe[1] ne peut se faire sans que les propriétaires de réseaux et les fournisseurs acceptent de coopérer malgré leurs intérêts divergents. L'une des solutions, suggérée depuis longtemps, consisterait à mettre en place un système de transport et de distribution d'électricité commun au niveau européen, qui permettrait l'instauration d'un marché de l'électricité unique en Europe et faciliterait ainsi le déploiement des énergies renouvelables[2]. Nous soutenons cette initiative de création d'un véritable marché paneuropéen de l'énergie. Enfin, notons que la capacité des réseaux peut être augmentée sans construire de nouvelles lignes, par exemple en installant des capteurs qui permettent de faire passer plus de courant sur une ligne sans craindre une rupture de cette ligne.

1. Le même problème se pose aux États-Unis.

2. À défaut, il conviendrait de soutenir le règlement de la Commission européenne relatif aux Réseaux transeuropéens d'énergie (RTE-E), qui essaie de recenser les projets présentant un intérêt commun.

Pour la phase de transition, le Rapport tire les conclusions suivantes :

• indépendamment des différences d'opinion sur l'énergie nucléaire, le maintien en activité des centrales existantes (dans le respect des principes de sûreté), qui aujourd'hui assurent les trois-quarts de la production d'électricité en France, est nécessaire pour contribuer à la lutte contre le changement climatique. En effet, le nucléaire ne génère pas d'émissions de carbone, est pilotable et offre une disponibilité élevée. Des opérations de grand carénage peuvent, à un coût raisonnable, étendre la durée de vie des centrales jusqu'à 60 ans (certains parlent même de 80 ans) ;

• la commission n'a pris position ni sur l'opportunité de construire de nouvelles centrales nucléaires (comme au Royaume-Uni), ni sur la technologie nucléaire spécifique qu'il faudrait utiliser dans ce cas-là (réacteurs de troisième et quatrième générations, y compris petits réacteurs modulaires) : elle ne disposait pas du temps ni du niveau d'expertise nécessaires pour étudier les questions liées au coût et à la fiabilité, aux différentes étapes de la transition écologique, à l'allongement exact de la durée de vie des centrales existantes, etc. Dans tous les cas, la possibilité de construire de nouvelles centrales nucléaires ne doit pas être écartée d'office, car la demande d'électricité décarbonée augmentera considérablement dans les années à venir. En matière d'investissements comme pour la R & D, et au vu des incertitudes technologiques et sociétales, il est important de ne pas mettre tous nos œufs dans le même panier ;

• pendant la transition, l'utilisation du gaz pourra constituer un moindre mal. En effet, le gaz génère deux fois moins d'émissions de CO_2 que le charbon, bien que cet écart soit réduit en cas de fuites de méthane (les fuites de méthane dues à la production et à l'extraction du gaz doivent faire l'objet d'une étroite surveillance). En outre, son coût est relativement faible, ce qui permet de maintenir le prix de l'électricité à un niveau raisonnable. Notons cependant qu'il faut privilégier une utilisation intensive des centrales à gaz existantes plutôt que la construction de nouvelles centrales à gaz, car de nouveaux investissements avec des durées de vie importantes pourraient avoir un effet de verrouillage sur le mix énergétique. Or le gaz reste trop polluant et la transition doit être opérée aussi rapidement que possible[1]. Autrement dit, la construction de nouvelles centrales ne peut être envisagée qu'à condition de progrès technologiques très importants sur le captage et le stockage du carbone.

1. Un prix du carbone suffisamment élevé enlèverait toute justification à une intervention de l'État. En revanche, l'interdiction du charbon (qui se heurtera à la même opposition que la tarification du carbone) sera nécessaire si le prix du carbone reste trop bas. Cependant, cela soulève à nouveau la question de la prévisibilité du prix du carbone. Il est risqué de faire de nouveaux investissements dans le gaz car cette ressource devra être éliminée assez rapidement. Si les futurs prix du carbone sont connus, le secteur privé peut évaluer ce risque ; dans le cas contraire, les décisions d'investissement sont complexes.

Promotion de l'innovation

Si l'innovation provient avant tout du secteur privé, l'impulsion est souvent donnée par l'État. Elle peut prendre la forme de subventions à la R & D et de diverses mesures soutenant les jeunes entreprises innovantes et la démonstration de technologies clés, mais aussi celle d'une stratégie industrielle éclairée, conçue non pas pour promouvoir ou sauver des industries agonisantes, mais pour relever les défis technologiques auxquels nous sommes confrontés. Trop souvent, les gouvernements choisissent les technologies qu'ils pensent gagnantes sans disposer des informations nécessaires, favorisent les groupes de pression ou s'en tiennent à leur approche de prédilection. Ils auraient intérêt, au contraire, à promouvoir le développement de technologies par une gouvernance adaptée. Cette stratégie est particulièrement bien illustrée par la DARPA (*Defense Advanced Research Projects Agency*), entité du département de la Défense des États-Unis. Celle-ci a joué un rôle central dans le développement de technologies aujourd'hui incontournables, telles que le GPS ou l'internet, en allouant des fonds au secteur privé, aux universités et aux laboratoires publics, avec un grand pouvoir discrétionnaire (permis par son indépendance vis-à-vis de la politique et des groupes de pression), et en assurant un suivi rigoureux des projets et de leur aboutissement. De même, les Instituts nationaux de la santé américains (*National Institutes of Health*) ont fortement encouragé la recherche médicale et pharmaceutique de haut niveau, mais ils disposent de moyens financiers considérables (plus de 30 milliards de dollars par an).

Il serait souhaitable de créer un organisme de R & D spécialisé dans l'innovation verte, de préférence à l'échelle européenne, dont la portée et les compétences seraient bien plus étendues que celles d'un seul État membre. L'Alliance européenne pour les batteries (depuis 2017) et l'Alliance européenne pour un hydrogène propre (depuis 2020) préfigurent la coopération transeuropéenne entre les secteurs public et privé. L'EU-ARPA-E, version européenne de l'ARPA-E (Advanced Research Projects Agency – Energy, organisme américain créé sur le modèle de la DARPA), permettrait de financer la recherche à haut risque et à haut potentiel sur des projets « hors normes » (en phase de développement précoce). Pour éviter de gaspiller les fonds publics et obtenir des effets concrets, cet organisme indépendant devrait adopter une gouvernance adéquate, caractérisée par les éléments suivants :

• un haut responsable, doté d'une grande flexibilité opérationnelle, serait nommé pour superviser l'allocation des fonds et l'indépendance de l'organisme vis-à-vis des groupes d'intérêt. L'ARPA-E a commencé à fonctionner en 2009 sous la surveillance étroite de Steven Chu, lauréat du prix Nobel de physique et alors secrétaire d'État à l'Énergie des États-Unis. Ses deux premiers directeurs furent d'éminents professeurs de sciences de l'université de Californie à Berkeley et de l'université du Maryland ;

• les subventions feraient l'objet d'un processus rigoureux d'évaluation par les pairs, au cours duquel des experts indépendants et hautement qualifiés examineraient la faisabilité technologique et les perspectives commerciales des projets, y compris à long terme. Le niveau scientifique des équipes, essentiel à une bonne exécution des projets, serait également évalué ;

- l'EU-ARPA-E miserait sur des équipes très prometteuses travaillant sur des projets à haut potentiel, mais aussi à haut risque, et ne favoriserait à cet égard aucun acteur en particulier (ni du secteur privé, ni du domaine universitaire) ;
- l'organisme ne choisirait pas une solution *ex ante* : il définirait des objectifs, tels que la capacité et la longévité d'une batterie, plutôt que la manière d'atteindre ces objectifs. Une fois encore, notre récente expérience du vaccin contre le Covid-19 a été riche en enseignements : au début de la pandémie, nous ne savions pas quelle était la meilleure approche sur le plan scientifique comme sur le plan économique ;
- l'EU-ARPA-E réaliserait une évaluation des projets sélectionnés après leur mise en œuvre et en publierait les résultats. La présence d'une clause d'extinction permettrait à l'organisme de retirer son soutien si un projet ne fonctionnait pas ou si le soutien n'était plus nécessaire. Cet élément fait souvent défaut à la politique industrielle d'un État : que ce soit pour répondre à la pression des bénéficiaires qui veulent continuer de toucher des fonds ou pour prouver qu'ils ne s'étaient pas trompés, les responsables publics continuent trop souvent à investir dans des projets dont les chances de réussite sont faibles. Tout portefeuille de R & D ambitieux donne lieu à des échecs, et donc ceux-ci doivent être acceptés, mais les leçons doivent en être tirées ;

• tout comme l'ARPA-E, l'organisme pourrait exiger un cofinancement par le secteur privé, qui se révèlerait certainement utile comme source d'information à la fois pour sélectionner les projets et pour abandonner ceux qui n'aboutissent pas.

Est-ce réalisable ? Il peut être utile de comparer l'EU-ARPA-E avec des institutions existantes françaises et européennes aux objectifs similaires.

Bien qu'il appartienne au secteur de la recherche universitaire et ne dispose pas du même budget[1], le Conseil européen de la recherche (CER), dont la création a été inspirée par la Fondation nationale pour la science (US National Science Foundation) et les Instituts nationaux de la santé des États-Unis, constitue un exemple européen de ce type de structure. En effet, son fonctionnement consiste à sélectionner un petit nombre de projets à haut risque et à haut potentiel pour leur attribuer des subventions selon un processus faisant l'objet d'une évaluation par les pairs. Il est en outre protégé de toute intervention politique. Ugur Sahin et Adrian Hill, les chercheurs à l'origine de deux des trois premiers vaccins Covid autorisés (celui de BioNTech-Pfizer et celui d'Oxford-AstraZeneca), sont tous deux lauréats de la bourse du CER. Celle-ci leur avait été accordée pour le développement de techniques ARN messager appliquées au cancer et à la vaccination alors novatrices, que les chercheurs ont pu

1. Le budget annuel du CER se situe aux alentours de 2 milliards d'euros pour ses 27 États membres, tandis que la somme du PIB des 28 États de l'Union européenne s'élevait à environ 15 000 milliards d'euros en 2018.

rapidement adapter après l'apparition du Covid-19[1]. Bien entendu, l'organisme européen chargé des projets de recherche dans le domaine de l'écologie serait confronté à un environnement différent, n'aurait pas les mêmes objectifs et n'adopterait pas les mêmes processus. Cependant, l'exemple du CER montre qu'il est possible d'instaurer une coopération européenne et une gouvernance saine dans le domaine de la recherche et du développement.

Une autre initiative européenne, l'Agence spatiale européenne (ASE), a porté ses fruits malgré deux principes qui ont compliqué sa gestion[2]. Tout d'abord, l'ASE a toujours appliqué une règle tacite dite « du juste retour » : chaque pays participant doit recevoir un volume de commandes pour les projets soutenus par l'agence à hauteur de sa contribution financière. Cette règle est source de complexité et de lenteur dans le processus de décision et ne permet pas de sélectionner les projets de façon optimale. De plus, l'ASE impose les spécifications techniques des projets qu'elle finance, tandis que la DARPA et d'autres organismes américains ont adopté une approche consistant à définir des objectifs de performance et à laisser les industriels et chercheurs trouver les solutions adaptées. Le système

1. Dans le cas du Covid-19, la promesse de passation d'un marché public a joué un rôle important : les entreprises savaient que leur innovation ferait l'objet d'une demande massive de la part des gouvernements. Ainsi, le niveau d'incertitude lié à la demande était très limité.

2. France Stratégie (2020), *Les politiques industrielles en France. Évolutions et comparaisons internationales*, rapport pour l'Assemblée nationale, novembre.

européen a été moins propice aux innovations de rupture, telles que les lanceurs réutilisables ou l'industrialisation de la production de certains équipements.

Comme nous l'avons déjà noté, les États membres de l'Union européenne financent ensemble certains programmes de recherche. Un nouveau venu dans ce paysage est le Conseil européen de l'innovation (CEI), qui distribuera 10 milliards d'euros sur sept ans ; au stade pilote dans le cadre du programme-cadre terminé en 2020, le CEI est inspiré du mode de fonctionnement du Conseil européen de la recherche (CER) : une fraction de son budget sera même utilisée pour prendre le relais là où s'arrête le programme « preuve de concept » du CER, pour rapprocher les innovations d'une utilisation industrielle ou sociétale. Le CEI a également des priorités thématiques dans la tradition du DARPA. Malheureusement, et contrairement au CER, le conseil stratégique du CEI n'est que consultatif. La Commission européenne a gardé la haute main sur les décisions concrètes. À cause de ce « détail », l'Europe ne peut se prévaloir d'avoir créé son propre « DARPA » (de fait, le DARPA a beaucoup d'indépendance).

Une dernière comparaison s'impose : en France, le Secrétariat général pour l'investissement pilote le Programme d'investissements d'avenir (PIA). Le PIA finance des investissements innovants[1] sur tout le cycle de vie de l'innovation, souvent en cofinancement avec le secteur privé. Son indépendance et son approche

1. Les programmes PIA ont évolué d'approches transverses (concours d'innovation) vers une approche plus sectorialisée (batteries, intelligence artificielle, etc.).

(dans l'ensemble plutôt « *bottom-up* ») lui font aussi cocher d'autres cases listées ci-dessus. En revanche, EU-ARPA-E mettrait peut-être plus l'accent sur la définition d'une cible que sur le moyen de l'atteindre. La gouvernance accorderait une place notable aux scientifiques, qui sont pour l'instant très présents dans les consultations du PIA mais beaucoup moins dans les instances de décision.

Si le rôle des scientifiques dans la décision et la définition de cibles pourrait être renforcé dans la gestion du PIA, il convient de noter que ces différences importent particulièment lorsqu'il s'agit de sélectionner un tout petit nombre de projets à caractère disruptif et d'y investir des sommes importantes, comme ont su le faire, contrairement aux Européens, les agences américaines dans les domaines de la haute technologie, de l'environnement et de la médecine. Engager de telles sommes avec un grand risque d'échec n'est pas dans la culture administrative européenne pour des raisons compréhensibles, mais il est indispensable de risquer de tels paris pour obtenir le leadership mondial, au moins dans quelques domaines. Il y a bien sûr deux corollaires : il est impératif d'attirer des scientifiques de très haut niveau comme managers, en y mettant les moyens si nécessaire. En outre, à la fois pour des raisons de budget et pour des raisons de *pool* de compétences, *il est souhaitable de situer l'agence au niveau européen* (sans imposer de contraintes de juste retour, ni saupoudrer les postes selon des quotas de nationalité).

Voie diplomatique

Nous avons déjà évoqué la nécessité d'un ajustement fiscal aux frontières. Le risque que cette fiscalité soit utilisée pour protéger certains groupes de pression de la concurrence étrangère est souvent mentionné. L'alignement des droits de douane sur le prix actuel du carbone en Europe restreint cette possibilité. Toutefois, l'assiette fiscale, c'est-à-dire l'estimation des émissions générées par la production des biens importés, est plus discrétionnaire. L'ajustement fiscal aux frontières doit être aussi réglementé que possible, par exemple dans le cadre d'une procédure élaborée et agréée au niveau de l'OMC (Organisation mondiale du commerce).

En raison des contraintes inhérentes au processus de prise de décision des Nations unies (la nécessité d'obtenir la signature des cent quatre-vingt-seize pays donne à chacun un droit de veto et conduit inévitablement à prendre la décision représentant le « plus petit dénominateur commun »), certains économistes ont suggéré, par le passé, une action conjointe de quelques-uns des principaux émetteurs, tels que les États-Unis, la Chine, l'Europe, la Russie, l'Inde, le Brésil et le Japon, regroupés dans un « club ». Ces derniers s'accorderaient sur un ensemble de mesures communes et exerceraient une pression diplomatique (et économique, au moyen de la taxe aux frontières) sur les autres pays pour qu'ils se joignent à eux. Avec les élections américaines de 2016 et, plus largement, la montée en puissance de gouvernements populistes peu soucieux de lutter contre le changement climatique, cette idée est passée au second plan. L'élection de Joe Biden pourrait donner à l'Europe l'occasion de reconsidérer cette perspective en concertation avec le plus grand émetteur au monde, la Chine, qui développe au fil des ans une véritable conscience climatique. Les membres de la commission ne sont pas parvenus à un accord quant à la forme que prendrait cette coalition :

- certains étaient favorables à une « coalition des pays volontaires », car une adhésion fondée sur le volontariat faciliterait la conclusion d'un accord. En outre, la géométrie variable de ce « club du climat » le rendrait plus flexible ;
- d'autres ont souligné que la création d'une nouvelle institution entraînerait des coûts importants. Nous disposons déjà du G7 et du G20 (qui couvre 80 % des émissions mondiales), où l'Union européenne joue un rôle majeur. La création d'un club du climat pourrait générer davantage de bureaucratie et de déconnexion entre les différentes institutions. Le changement climatique fera bientôt l'objet de discussions parmi les membres du G7 (et la Chine). Ce dernier s'y prête peut-être mieux que le G20, dont certains membres pourraient s'opposer aux mesures visant à réduire la dépendance vis-à-vis des combustibles fossiles.

Notre commission, n'ayant pas d'expertise en matière diplomatique, n'a pas poursuivi le débat. La contribution de politologues apporterait un éclairage intéressant sur ce sujet.

Inclusion de critères environnementaux dans les marchés publics

Il est souvent demandé que les critères environnementaux soient pris en compte lors du choix entre différents candidats à la passation d'un marché public. Par exemple, suivant une recommandation de la CCC, un projet de loi français veut rendre obligatoire, et non plus facultative, l'intégration de clauses environnementales dans tous les marchés publics (Code des marchés publics[1]). A priori cette idée est compatible avec le concept d'« offre économiquement la plus avantageuse » inscrit dans les directives concernant les marchés publics européens. Ce concept pourrait être compris comme incluant une évaluation des dommages environnementaux causés par les processus de production. Les données pertinentes dans ce cas sont les émissions et leur subvention implicite (différence entre la valeur tutélaire et le prix réel du carbone).

Le diable se cache cependant dans les détails, nous appelons donc à la prudence : il serait préférable d'avoir directement recours aux mesures incitatives par le biais de la tarification du carbone. Prenons à titre d'exemple les inquiétudes, tout à fait fondées, relatives aux émissions de gaz à effet de serre générées par le transport d'intrants et d'aliments provenant d'une production non locale. Un paradoxe apparaît

1. L'article 15 relatif à la commande publique du projet de loi suivant la proposition de la CCC obligerait les marchés publics à tenir compte des considérations liées aux aspects environnementaux des travaux, des services ou des fournitures faisant l'objet du contrat.

cependant lorsqu'un gouvernement refuse de soumettre les émissions produites par les avions au SEQE-UE ou l'essence utilisée pour les camions à la taxe carbone, mais permet ou même réclame aux acheteurs publics de prendre en compte la question environnementale dans leurs appels d'offres. Les critères environnementaux dans les passations de marchés publics constituent une solution imparfaite de remplacement à la taxation des émissions par le gouvernement. En se défaisant ainsi de sa responsabilité, ce dernier transforme un prix du carbone cohérent et clairement défini en un ensemble de mesures discrétionnaires et potentiellement incohérentes.

Nous répétons ici un avertissement qui apparaît plusieurs fois dans le Rapport : les mesures écologiques auront un coût élevé, qu'il est inutile d'augmenter en menant des actions inefficaces. En l'absence d'une évaluation attentive, une action climatique peut engendrer un coût de 5 euros comme de 1 000 euros par tonne de CO_2 non émise. Les organismes publics de comptabilité (chambres régionales des comptes et Cour des comptes en France) ne sont aujourd'hui équipés ni pour évaluer ces coûts, ni pour vérifier les affirmations des soumissionnaires dans le cadre des appels d'offres. En outre, la capacité des critères environnementaux à influer sur la passation des marchés publics peut exposer les responsables publics aux groupes de pression et au risque d'électoralisme. En effet, un responsable local désireux d'être réélu peut exagérer les bénéfices d'une production locale ou omettre volontairement certains aspects non négligeables (la culture en serre pour des fruits et légumes locaux, par exemple) tout en prenant en compte d'autres dimensions (le transport, par exemple) afin de protéger les producteurs locaux de la concurrence ; ceci entraînerait un coût élevé pour les finances publiques ou les consommateurs et pourrait même avoir un effet négatif sur l'environnement.

Actions non gouvernementales

Pour différentes raisons, l'action publique n'est jamais parfaite. Il est donc nécessaire que chacun apporte sa pierre à l'édifice. Il faudrait, tout d'abord, changer les normes sociales de comportement écologique. La tâche n'est certes pas aisée, mais les interventions axées sur les normes peuvent se révéler efficaces, en particulier lorsqu'elles vont de pair avec des incitations matérielles. Le cas de l'interdiction de fumer dans les lieux publics l'illustre bien : en France, les comportements ont radicalement changé, même dans la sphère privée où n'existe pas la « peur du gendarme », lorsque les amendes et la répression ont indiqué qu'un tel individualisme n'était pas accepté par une grande partie de la population et constituait donc un comportement antisocial. Il serait possible de reproduire cette stratégie en associant, par exemple, un système de malus pour les voitures fortement émettrices à des campagnes de sensibilisation percutantes ou à une interdiction des publicités mettant en avant leur aspect « tendance ».

En outre, les initiatives des citoyens et des entreprises (l'investissement et la consommation socialement responsables, par exemple) peuvent contribuer à un meilleur résultat. De leur propre chef ou sous la pression de différents acteurs, des entreprises telles que les GAFA ou Walmart affirment utiliser de l'électricité partiellement produite à partir des énergies éolienne et solaire. Toutefois, il importe de vérifier si ces initiatives produisent ou non un véritable effet. Aux États-Unis, par exemple, il a été remarqué que dans les États où une réglementation impose une part minimum d'électricité produite à partir d'énergies renouvelables, l'achat par les entreprises ou autres organisations de ce type d'électricité n'a souvent aucune influence sur sa production totale (et sur les émissions de CO_2) car il ne génère pas d'investissement supplémentaire. Or, ce sont les résultats qui comptent.

Il ne peut y avoir un trop grand écart entre les intérêts matériels des consommateurs, des investisseurs et des fournisseurs et les attentes que la société nourrit envers eux. Nombre d'entre nous sommes prêts à payer un peu plus cher pour des produits issus du commerce équitable ou à toucher des intérêts un peu moins élevés sur notre épargne afin de contribuer à une économie plus verte. Cependant, rien ne nous permet de penser qu'une partie importante de la population sera prête à réaliser des sacrifices personnels importants et volontaires en matière de pouvoir d'achat (ce que confirment les observations décrites plus haut). De ce fait, les initiatives privées ne doivent pas inciter les gouvernements à se décharger de leurs responsabilités sur le secteur privé. Il est important de garder à l'esprit que trente ans d'implorations à réduire nos émissions de carbone n'ont pas changé radicalement notre comportement et que, malgré la prise de conscience progressive au sein de la population, nous ne pouvons en attendre beaucoup plus du secteur privé en l'absence de mesures incitatives.

Que faut-il attendre du secteur privé ?

Pour l'instant, une grande partie des progrès réalisés par les entreprises en matière d'environnement, tant dans le domaine de la technologie que de la gestion, sont davantage dus à la crainte grandissante de l'énorme choc économique que finira par provoquer l'immobilisme qu'à des actions gouvernementales efficaces. Les entreprises prennent conscience du fait que le réchauffement climatique constitue une menace existentielle pour leurs activités comme pour la planète. Maintenant que l'humanité se trouve au pied du mur, les solutions réglementaires qui seront mises en œuvre auront de lourdes conséquences sur leur bilan financier si elles dépendent des combustibles fossiles. Ainsi, les entreprises sont de plus en plus nombreuses à mesurer leur vulnérabilité au changement climatique en réalisant des tests de résistance.

La volonté des actionnaires de connaître l'empreinte carbone et l'exposition aux risques réglementaires est cohérente d'un point de vue économique, indépendamment de toute conscience environnementale. Comme l'a montré le comportement de certaines institutions financières avant la crise de 2008, les gestionnaires d'entreprise adoptent parfois une stratégie court-termiste, qui consiste à faire des économies (réduire la maintenance ou sous-investir) ou prendre des risques excessifs, au détriment de l'avenir de l'entreprise, afin de présenter aux actionnaires une image flatteuse de leurs performances, que ce soit pour conserver leur emploi ou pour obtenir des bonus généreux et exercer des options sur titres. L'ajournement des mesures de lutte contre le changement climatique permet aux entreprises d'accroître leurs profits à court terme, mais les expose à un choc économique majeur, quoique différé. Il est donc dans l'intérêt des actionnaires d'éviter une gestion trop axée sur le court terme et de s'assurer que l'entreprise n'est pas trop exposée au risque climatique et à la menace des actifs échoués.

Que faut-il attendre des banques centrales ?

Actuellement, le sujet des « banques centrales vertes » est au cœur de nombreux débats. Un élément, déjà compris dans le mandat des banques centrales, fait l'unanimité : le changement climatique doit être pris en compte dans leurs prévisions économiques, dans leurs tests de résistance bancaire et dans l'évaluation de la qualité des garanties qu'elles acceptent de la part des banques. Le changement climatique générera des chocs macroéconomiques (dommages, valeur de propriétés érodée, transition énergétique, prix du carbone élevés et actifs industriels échoués), qui s'annoncent de plus en plus violents à mesure que nous ajournons les décisions nécessaires. Différents scénarios doivent être élaborés afin de prévoir les pertes des banques et des compagnies d'assurance dans le cadre de la lutte contre le changement climatique. Les tests de résistance climatique permettent d'évaluer la stabilité financière et les coussins de fonds propres, grâce auxquels le nombre de renflouements de banques peut être réduit.

Des mesures impliquant, à l'inverse, des dépenses de fonds publics ont également été proposées. Nous les analysons ci-dessous.

• *Prise de risque et finances publiques*. Aujourd'hui, le développement des projets verts n'est pas entravé par un manque de financement, mais par l'absence de perspectives de revenus. La banque centrale dispose de différentes solutions pour augmenter leur rentabilité. Deux d'entre elles, récemment suggérées, consistent à utiliser l'argent public, dans la mesure où les bénéfices de la banque centrale reviennent au Trésor public. Si ces solutions partent d'une bonne intention, elles nous semblent toutefois peu judicieuses.

Premièrement, la banque centrale pourrait promouvoir les projets verts par l'assouplissement des normes prudentielles : il a ainsi été proposé de diminuer les exigences de fonds propres dans le cas des prêts bénéfiques pour le climat. Les projets verts sont soumis à un risque macroéconomique élevé, sur le plan politique comme technologique. On ne peut que craindre qu'une telle mesure augmente le risque de crise bancaire. La finance verte ne doit pas donner lieu à une nouvelle crise semblable à celle des *subprimes*, ce qui pourrait arriver si, en fin de compte, les entreprises vertes n'obtenaient pas les revenus espérés (parce que les gouvernements auraient échoué à imposer le prix du carbone nécessaire, par exemple) ou se spécialisaient dans une technologie qui ne donne pas de résultat concret.

Deuxièmement, la banque centrale peut réduire les écarts (*spreads*) sur les obligations de manière discrétionnaire. C'est ce qu'elle fait par exemple pour soutenir les pays dont la monnaie fait l'objet d'une attaque spéculative. Il a ainsi été suggéré que la banque centrale achète des obligations vertes pour réduire leur *spread*, le cas échéant. Contrairement à l'assouplissement des normes prudentielles, qui impliquerait un risque indirect lié à la menace de nouveaux renflouements dans le secteur financier, cette mesure impliquerait une prise de risque directe de la part de la banque centrale. Outre le fait qu'une définition appropriée des obligations vertes prenant en compte leurs effets est toujours en cours d'élaboration, réduire les *spreads* sur ce type d'obligations reviendrait à ouvrir une boîte de Pandore sur le plan environnemental comme politique. Par exemple, la Banque centrale européenne (BCE) pourrait-elle refuser d'acheter des obligations allemandes sous prétexte que la quantité d'émissions de CO_2 par habitant provenant de l'utilisation de combustibles fossiles pour la production d'énergie et de ciment est de 75 % plus élevée en Allemagne qu'en France, et que le pays a repoussé à 2038 la fermeture de ses centrales à charbon ? Pourquoi ne pas acheter les obligations d'entreprises ou d'institutions qui s'engagent pour l'intérêt commun, réduisent les inégalités et versent de grandes sommes aux organisations caritatives ? Notre position est que cette responsabilité devrait incomber aux gouvernements et non aux banques centrales, ce qui nous conduit au point suivant.

• *Légitimité.* Les institutions politiques européennes disposent des instruments et du mandat nécessaires pour lutter contre le changement climatique. Un transfert de compétences à la Banque centrale européenne devrait au minimum être explicite. Il fournirait cependant aux gouvernements une excuse pour faire porter à la BCE la responsabilité de leurs politiques environnementales. Dans la mesure où ces actions climatiques ont un coût, l'État dépense de l'argent public, même si l'opération se fait par l'intermédiaire de la BCE. Ce sont les États qui doivent s'en charger, de manière complètement transparente et sans mettre en péril les finances, la crédibilité et l'indépendance de la BCE.

Que faut-il attendre du secteur financier ?

Comme mentionné plus haut, l'ajournement des différentes mesures par les décideurs politiques incite les citoyens, les entreprises et les investisseurs à apporter leur propre pierre à l'édifice. Si nous soutenons vivement ces initiatives, elles ne peuvent toutefois être efficaces sans un système de comptabilité carbone, qui permet de quantifier les émissions directes et indirectes d'une entreprise. Tandis que les émissions directes proviennent des sources détenues ou contrôlées par l'entreprise, les émissions indirectes sont associées à la production d'électricité, de vapeur, de chaleur et de froid liée à la chaîne de valeur de l'entreprise. L'enjeu consiste à garantir la fiabilité des informations dont les citoyens, les entreprises et les investisseurs ont besoin pour orienter leurs initiatives dans la bonne direction.

Les données actuelles ne sont pas assez cohérentes, comparables et fiables. Les entreprises devraient toutes avoir à rendre compte de leurs émissions selon un processus vérifié et normalisé et se voir appliquer les mêmes sanctions en cas de déclaration inexacte.

Nous recommandons, en prenant appui sur la mise en œuvre de la taxonomie européenne[1], de prolonger les réflexions conduites à l'échelle européenne en réunissant des agences de notation en matière environnementale, sociale et de gouvernance, des banques centrales, des autorités de régulation des marchés financiers, des spécialistes des normes comptables, des institutions financières, des scientifiques et des économistes afin d'élaborer une méthode d'évaluation uniforme de l'incidence environnementale des entreprises[2]. Malheureusement, la tâche est loin d'être simple. En effet, nos intuitions peuvent être trompeuses et l'adoption d'un « comportement écologique » est bien plus complexe qu'il n'y paraît.

• Investir dans des infrastructures déjà existantes (un parc de centrales hydroélectriques, par exemple) ou dans des projets d'énergie renouvelable qui auraient

1. Première mesure du plan d'action « Financer la croissance durable » lancé en mars 2018 par la Commission européenne, le projet de taxonomie, sur lequel reposent les règlementations européennes sur l'investissement durable, a notamment donné lieu à la publication du rapport *Taxonomy: Final report of the Technical Expert Group on Sustainable Finance* en mars 2020 et au règlement (UE) 2020/852 du Parlement européen et du Conseil du 18 juin 2020 sur l'établissement d'un cadre visant à favoriser les investissements durables et modifiant le règlement (UE) 2019/2088.

2. Au niveau national en particulier, il existe des plateformes telles que celle hébergée par France Stratégie.

de toute façon été mis en œuvre (du fait d'une obligation faite aux producteurs d'électricité d'investir dans le renouvelable, ou grâce à des subventions élevées) ne contribue en rien à la lutte contre le changement climatique, quelle que soit la valeur environnementale de ces projets. Puisque les infrastructures existeraient de toute façon, de meilleures conditions de financement (c'est-à-dire des taux d'intérêt plus faibles) ont pour seule conséquence d'offrir des gains d'aubaine aux producteurs d'énergie concernés.

Les projets verts à sélectionner sont donc ceux qui ne peuvent pas être réalisés en l'absence de taux d'intérêt bas octroyés par des investisseurs conscients des enjeux écologiques. Cette « additionalité » est difficile à évaluer, car le scénario contrefactuel n'est pas observable. D'ordinaire, le porteur de projet énonce quelle aurait été la situation sans les aides mises en œuvre. Or, le régulateur, ne disposant pas d'informations précises sur le scénario contrefactuel, peut être amené à certifier l'addditionalité du projet s'il y trouve un intérêt politique ou administratif.

De la même manière, il peut arriver que des actions bien intentionnées, privées (telles que les crédits de compensation carbone) comme publiques (par exemple le MDP ou mécanisme pour un développement propre du Protocole de Kyoto, pourtant centré sur l'additionalité), ne provoquent pas de réduction des émissions de carbone, mais entraînent seulement des gains d'aubaine pour des projets qui auraient été réalisés de toute façon ou dont l'effet direct est annulé par les fuites de carbone. Le MDP du Protocole de Kyoto a récompensé des projets de réduction des émissions de carbone mis en place dans les pays en développement en leur octroyant des quotas carbone échangeables dans les Systèmes d'échange de droits d'émission (SEQE-UE). L'idée était d'encourager l'investissement dans les réductions d'émissions là où elles coûtaient le moins cher. Le MDP a généré des coûts de transaction élevés, dus à des débats interminables sur le caractère additionnel ou non des projets[1]. Un autre problème s'est posé : la conservation d'une forêt en Indonésie entraîne une légère augmentation du prix du soja ou du bois, provoquant ainsi une entreprise de déforestation ailleurs dans le monde. Il s'agit, une fois encore, de la question des fuites.

• Le débat entre « exclusion » et « meilleure pratique » (*best in class*) constitue une autre illustration. Par exemple, les investisseurs écoresponsables doivent-ils investir dans une technologie qui génère certes des émissions de CO_2, mais remplace une autre technologie plus polluante encore ? Dans les secteurs polluants qui ne peuvent être rapidement abandonnés, faut-il encourager les entreprises à réduire leurs émissions ? Par exemple, si l'on considère qu'à court

1. Voir Banque mondiale (2010). *Rapport 2010 sur le développement dans le monde : développement et changement climatique*, page 265, et la référence qui y est faite. Ces débats se sont bien sûr apaisés lorsque la « monnaie » utilisée (les quotas du SEQE-UE) s'est effondrée. Un autre problème se pose : celui du « picorage » ou de la sélection d'actifs. Une entreprise qui génère de grandes quantités d'émissions, que ce soit directement ou indirectement (par l'intermédiaire de sa chaîne de valeur), peut choisir un sous-ensemble d'actifs propres et émettre des obligations vertes sur la base de celles-ci. De même, la Pologne, qui génère beaucoup d'émissions de CO_2, est ainsi devenue le premier émetteur d'obligations souveraines vertes.

terme le pétrole continuera de servir de carburant aux véhicules, inciter les compagnies pétrolières à réduire leurs émissions dues à l'extraction, au transport et au raffinage du pétrole est bénéfique pour l'environnement. Ainsi, la question est bien plus complexe qu'il n'y paraît.

• Enfin, le désinvestissement des actifs à forte intensité de carbone, à commencer par le désinvestissement immédiat des actifs associés au charbon, est souvent évoqué pour pallier l'absence de décision forte de la part des autorités politiques. Toutefois, malgré leur dimension symbolique indéniable, de telles mesures d'exclusion ne peuvent aboutir à de grands résultats. En effet, leur efficacité est limitée par un autre problème de fuite : elles ne peuvent produire de réels effets si d'autres investisseurs se précipitent sur l'occasion pour acheter des actions et des obligations liées aux combustibles fossiles et sous-évaluées. Bien que de manière trop extrême, Bill Gates a exprimé cette idée lorsqu'il a affirmé que les campagnes destinées au désinvestissement des actions de ce type constituaient une perte de temps absolue. De même, comme le rappelle le Rapport, ce ne sont pas les phénomènes de désinvestissement qui ont affaibli l'industrie du tabac, mais les taxes élevées qui ont été imposées sur les cigarettes dans le monde occidental. Encore une fois, en matière de responsabilité sociale, seuls les résultats comptent.

4. RÉSUMÉ

Nos points de vue sur l'enjeu climatique se fondent sur quatre observations. Premièrement, l'urgence climatique appelle une action rapide et de grande ampleur. Le rythme de la transition doit être fortement accéléré. Deuxièmement, le défi auquel nous faisons face implique d'adopter une approche globale. Troisièmement, s'il est vrai que la mise en œuvre de mesures écologiques entraînera des coûts importants, la nécessité de sauver notre planète doit nous inciter à admettre cette vérité : plus nous procrastinons, plus le coût sera élevé. Quatrièmement, il est inutile d'augmenter ce coût en adoptant des mesures peu efficaces.

La tarification du carbone présente de nombreux avantages. Impopulaire pour de bonnes comme de mauvaises raisons (voir l'analyse des représentations), elle n'en est pas moins un élément indispensable de la stratégie. Dans le passé, elle n'a pas été mise en œuvre correctement : elle était trop peu ambitieuse pour obtenir les effets désirés, prévoyait de nombreuses exonérations, permettait de multiples subventions aux combustibles fossiles, suscitait des craintes de délocalisation dans les pays pratiquant le dumping environnemental et offrait peu de visibilité sur l'évolution des prix du carbone. La trop faible indemnisation des ménages périurbains et ruraux à faible revenu a également contribué à son impopularité. Ainsi, nous approuvons sans réserve l'idée d'une « tarification du carbone bien conçue », qui constitue notre première recommandation.

Cependant, la tarification du carbone ne suffira pas. Tout d'abord, il est nécessaire d'intensifier rapidement les efforts en matière de R & D dans le domaine de l'écologie. Il faut en outre mettre en place des normes, des interdictions et des mesures incitatives dans les secteurs qui ne se prêtent pas à une tarification du carbone. Plus discrétionnaires que cette dernière, ces actions sont davantage susceptibles de provoquer des interventions de groupes de pression, des captations réglementaires et des lourdeurs administratives. Nous avons expliqué comment la bonne gouvernance des processus et la création d'organismes indépendants peuvent dissiper ces craintes.

Dans le domaine de la R & D, nous suggérons la création d'un organisme européen, EU-ARPA-E, qui financerait des projets à haut risque et à haut potentiel en se fondant sur un processus d'évaluation par les pairs. En ce qui concerne les normes, les interdictions et les mesures incitatives ciblées, nous proposons la création d'une commission indépendante constituée de scientifiques et économistes de haut niveau, qui contribuerait à la rationalisation des choix des gouvernements sans ralentir leur prise de décision. Dans les deux cas, la présence d'une clause d'extinction permettrait de mettre fin aux subventions lorsque celles-ci ne sont plus nécessaires ou lorsque les projets ne fonctionnent pas. En conclusion, nous considérons l'État comme un stratège qui assumera ses responsabilités (sans essayer de s'en décharger sur d'autres acteurs, tels que les banques centrales ou les entreprises), stimulera l'adoption de mesures et l'innovation dans le secteur privé et conciliera la nécessité urgente d'agir avec la maîtrise des coûts.

Enfin, la France à elle seule n'aura pas une grande incidence directe sur l'atténuation du changement climatique. Toutefois, son influence indirecte peut être considérable, surtout si elle est pensée à l'échelle européenne. Elle peut adopter une attitude exemplaire et montrer que des progrès peuvent être accomplis, exercer une pression sur les pays laxistes au moyen de l'ajustement fiscal aux frontières, promouvoir des innovations technologiques et des mesures novatrices qui bénéficieront aux pays pauvres et jouer un rôle intellectuel majeur dans l'élaboration d'accords internationaux.

La route sera longue et sinueuse, mais nous sommes persuadés qu'avec une stratégie bien conçue, nous atteindrons nos objectifs.

Chapitre 4

Face aux inégalités et à l'insécurité économiques[1]

FAITS ET REPRÉSENTATIONS

La France est-elle un pays très inégalitaire ? Si on examine les indicateurs quantitatifs classiques, on pourrait être tenté de répondre « pas tant que cela ». Dans la plupart des domaines, la France fait aussi bien ou mieux que la moyenne de l'Union européenne ou de l'OCDE.

Commençons par les indicateurs classiques : les inégalités de revenus avant impôts, mesurées par l'indice de Gini[2], sont légèrement inférieures en France à la moyenne de l'OCDE, soit 0,37 contre 0,38. Il en est de même pour les inégalités après impôts, avec 0,28 contre 0,29, l'indice étant inférieur après impôts du fait de la redistribution *via* la fiscalité et les transferts.

1. Ce chapitre correspond au Chapitre II du Rapport, rédigé par Dani Rodrik et Stefanie Stantcheva.

2. L'indice de Gini est un indicateur standard des inégalités qui représente l'écart entre la distribution effective des revenus et une parfaite égalité de revenus ; un indice de Gini égal à 0 signifie une parfaite égalité, un indice de Gini égal à 1 signifie une inégalité totale, une seule personne recevant alors l'intégralité des revenus.

En haut de l'échelle de distribution des revenus, la part des revenus avant impôts captée par les 10 % les mieux rémunérés est de 32 % en France, un chiffre inférieur à celui de l'Allemagne (37 %), du Royaume-Uni (35 %) ou des États-Unis (45 %). En bas de l'échelle, le taux de pauvreté avant impôts en France est supérieur à la moyenne de l'OCDE (26 % contre 20 %)[1], avec toutefois un taux de pauvreté après impôts (et transferts) bien inférieur à la moyenne (8,5 % contre 10,8 %), ce qui témoigne d'une forte redistribution en bas de l'échelle. Les inégalités de patrimoine sont, comme ailleurs, plus marquées que les inégalités de revenus : la part du patrimoine détenue par les 10 % les plus riches s'élève par exemple à 55 % en France. En gros, que ce soit pour le revenu ou le patrimoine, la France se situe globalement dans la moyenne de l'OCDE.

Par ailleurs, contrairement à un sentiment largement répandu et à ce qu'ont vécu de nombreux pays, les inégalités de revenus – mesurées donc par l'indice de Gini – ne se sont pas accrues : alors que la moyenne de l'OCDE augmentait considérablement, les indices de Gini correspondant aux inégalités de

1. Le taux de pauvreté avant impôts calculé par l'OCDE est partiellement trompeur car l'OCDE considère les pensions de retraite versées dans le cadre des régimes de retraite publics comme des transferts. Ainsi, le résultat avant impôts et transferts indique qu'en l'absence de régime de retraite public, beaucoup de Français seraient en effet sous le seuil de pauvreté. Les pays où les régimes de retraite privés occupent une place plus importante sont moins soumis à ce biais. Une manière de contourner le problème consiste à examiner le taux de pauvreté hors retraités. Dans ce cas, le résultat de la France est proche de la moyenne.

revenus avant et après impôts sont restés globalement stables en France au cours des vingt dernières années. En outre, là encore à la différence de ce qui s'est produit dans de nombreux pays, en France les 50 % les moins bien rémunérés ont connu une croissance plus rapide de leurs revenus que les 10 % les mieux rémunérés depuis 2007.

Les inégalités géographiques, qui ont clairement joué un rôle dans la naissance du mouvement des Gilets jaunes, sont en réalité plus faibles que dans la plupart des autres pays européens : le coefficient de variation (soit le rapport entre l'écart-type et la moyenne de la distribution) des revenus disponibles d'une région à l'autre est de 0,05 en France, contre 0,07 en Allemagne et 0,20 en Italie.

Ces chiffres ne semblent pas si mauvais. Ils contredisent l'idée que les Français se font de la situation. Une des enquêtes menées par la commission montre en effet que 73 % des personnes interrogées considèrent les inégalités de revenus en France comme un problème grave ou très grave. La proportion est de 62 % pour les inégalités de patrimoine. Ces chiffres sont bien plus élevés que ceux observés aux États-Unis (50 % et 46 %, respectivement), où presque tous les indicateurs d'inégalités ont pourtant une valeur nettement supérieure et où les tendances sont bien plus défavorables.

Comment expliquer ce décalage entre les données et la perception que les Français ont de la situation ? D'une part, il n'y a pas particulièrement de raison de prendre comme point de référence la moyenne d'autres pays, que ce soit ceux de l'OCDE ou de l'Union européenne. Les Français peuvent avoir une perception différente ou encore des préférences différentes sur les compromis à faire entre redistribution et croissance économique/niveau de vie. D'autre part, ces données ne reflètent pas nécessairement d'autres aspects pertinents des inégalités, tels que l'accès à une bonne éducation.

Cela a conduit les auteurs du Chapitre II du Rapport sur les inégalités à étudier de plus près les perceptions des Français. Pour cela, ils ont examiné les résultats d'enquêtes existantes et ont mené eux-mêmes deux enquêtes supplémentaires. Ces enquêtes, dont les conclusions sont présentées dans les paragraphes qui suivent, donnent une bonne idée de ce à quoi les Français pensent quand ils parlent d'inégalités.

Ils valorisent les emplois de qualité[1]. Dans l'une des enquêtes, il était demandé aux personnes interrogées ce qu'impliquait pour elles un emploi de qualité. Elles ont répondu qu'il s'agissait d'un emploi d'une durée suffisamment longue, avec une rémunération croissante et une bonne protection sociale, des responsabilités, des possibilités de promotion et un environnement de travail décent. En outre, pour que la vie professionnelle dans son ensemble soit satisfaisante, les Français valorisent la possibilité de retrouver un emploi de qualité lorsqu'un emploi arrive à terme.

Ils ne pensent pas que l'accès à une éducation de qualité et *in fine* la capacité à obtenir un emploi

1. La formulation anglaise est *good jobs*. Nous n'avons pas trouvé de traduction qui nous satisfasse totalement. « Emplois valorisants » ? « Emplois de qualité » ? Nous avons adopté la deuxième formule, mais elle n'est pas parfaite.

de qualité soient les mêmes pour tous. Lorsque l'on demande aux personnes interrogées d'évaluer de 0 à 10 la véracité de l'affirmation « Je reçois l'éducation que je désire », la France arrive avant-dernière parmi les sept pays européens où des données ont été recueillies, avec un score de 6,6, seule l'Italie obtenant un résultat inférieur avec 5,9 alors que l'Allemagne obtient par exemple 8,1. À l'affirmation « J'obtiens l'emploi que je désire », la France arrive là encore à l'avant-dernière place, avec un score de 5,5, l'Italie obtenant quant à elle 4,5 et l'Allemagne 7,0.

Les Français s'inquiètent de la mobilité sociale, autrement dit de la vie qu'auront leurs enfants. Ils perçoivent de grandes inégalités dans l'accès à une éducation de qualité. D'après une enquête réalisée pour la commission, 70 % de la population estime que l'éducation est bien meilleure pour les enfants appartenant à une catégorie socio- économique élevée. À la question de savoir si les élèves ont tous les mêmes chances de fréquenter l'université, seules 44 % des personnes interrogées sont d'accord, soit le pourcentage le plus faible parmi les sept pays concernés, les résultats pour l'Italie et l'Allemagne étant respectivement de 49 % et 70 %. Les données réelles confirment en outre cette impression. Selon l'OCDE, la catégorie sociale est le premier facteur expliquant le niveau d'instruction en France. À titre d'exemple, si les scores PISA des élèves de 15 ans sont en France légèrement supérieurs à la moyenne de l'OCDE, les élèves de milieux socioéconomiques défavorisés sont cinq fois plus nombreux à ne pas atteindre le niveau minimal de lecture.

S'agissant de la mobilité éducative d'une génération à l'autre, la France se place avant-dernière sur vingt-sept pays. Les élèves dont les parents ne sont pas diplômés du supérieur constituent 87 % des étudiants en filières professionelles, contre seulement 51 % des étudiants en filières générales. Au-delà de l'éducation, s'agissant de la mobilité intergénérationnelle en matière d'emploi, seuls 14,9 % des fils (cette enquête ne portait que sur les fils…) dont les parents se situent dans le quartile inférieur des revenus parviennent au quartile supérieur, un taux faible et inférieur à la moyenne de l'OCDE (16,9 %).

Les Français craignent que les emplois de qualité disparaissent. Ils considèrent le libre-échange, la mondialisation et l'évolution technologique comme des menaces pour leurs emplois. Ils constatent le déclin de l'activité manufacturière, qui représente aujourd'hui seulement 10,4 % de l'emploi et 13,4 % du PIB en France, contre 25,5 % du PIB en Allemagne et 19,7 % du PIB en Italie.

Dans ce contexte, on parle beaucoup de « l'érosion de la classe moyenne », c'est-à-dire de la polarisation de l'emploi, les emplois moyennement qualifiés disparaissant au profit d'emplois peu qualifiés. Une récente étude de France Stratégie démontre que la réalité est plus complexe[1]. Elle révèle que la part d'emplois moyennement qualifiés a en effet diminué de 6 % de

1. Voir A. Reshef et F. Toubal (2019), *La polarisation de l'emploi en France. Ce qui s'est aggravé depuis la crise de 2008*, Cepremap n° 50. L'étude de France Stratégie qui conteste certaines de leurs conclusions s'intitule « Polarisation du marché du travail : y a-t-il davantage d'emplois peu qualifiés ? ». Avec une réponse de Reshef et Toubal en mars 2021 sur le site du CEPREMAP.

1996 à 2007, mais qu'elle s'accompagne d'une hausse presque équivalente de la part d'emplois plus qualifiés tandis que la part d'emplois peu qualifiés reste globalement stable. Il faut y voir une bonne nouvelle, qui s'accompagne toutefois de quatre bémols :

• le premier est qu'en examinant les données plus en détail, on constate que certaines catégories de travailleurs, tels que les petits exploitants agricoles ou les artisans peu qualifiés, ont en effet vu leurs emplois disparaître et leur part d'emploi diminuer considérablement ;

• le deuxième est que la dimension géographique est là encore très importante. Les emplois de qualité disparaissant lors de la fermeture de la principale usine d'une petite ville ont peu de chance d'être remplacés par des emplois semblables. Même si des subventions publiques parviennent à faire s'installer une autre grande usine, le même problème peut se reproduire des années plus tard. Par ailleurs, déménager n'est pas toujours une solution. En plus de la perte des liens sociaux, particulièrement forts dans les petites villes et en milieu rural, se dresse un obstacle économique : les travailleurs ne peuvent pas partir car la valeur de leur maison (leur seul patrimoine) a baissé, si bien que leur seule option est souvent de rester vivre au même endroit et de gagner moins ;

• le troisième bémol est que, même si ces évolutions perdurent et que de nombreux emplois moyennement qualifiés sont remplacés par des emplois très qualifiés, le décin de ces emplois moyennement qualifiés – le trou dans la distribution des emplois –, rend plus difficile de monter l'échelle des emplois : il manque des barreaux au milieu de l'échelle. Alors qu'autrefois une année de lycée supplémentaire pouvait permettre à un travailleur de passer à l'échelon supérieur, il faudra peut-être désormais aller jusqu'au diplôme d'enseignement supérieur, soit un effort beaucoup plus grand ;

- le quatrième bémol est que la situation pourrait évoluer différemment à l'avenir et que les menaces pesant même sur les emplois de qualité pourraient s'intensifier. En effet, l'une des conclusions de l'étude est que, même dans ce seul intervalle de vingt ans, les tendances ont été très différentes entre la première et la deuxième décennie[1].

Enfin, l'enquête interpelle les politiques. Les Français s'attendent à ce que l'État intervienne, mais ont une confiance limitée en la capacité du gouvernement à changer les choses. Seules 36 % des personnes interrogées ont une opinion favorable du système de protection sociale, soit le même taux que celui obtenu s'agissant de la mondialisation.

CADRE CONCEPTUEL

Les réponses à l'enquête donnent une bonne idée de ce que les Français valorisent et donc des objectifs que

1. Voir par exemple dans l'étude de France Stratégie le graphique sur l'évolution par secteur durant les deux décennies. Il est reproduit dans le Rapport à la fin du Chapitre II (voir encadré 2, graphique C).

devraient poursuivre les mesures destinées à atténuer les inégalités : faire de la mobilité sociale une priorité et donner à tous, autant que possible, la chance d'obtenir un emploi de qualité, tout en protégeant les plus mal lotis.

Pour cela, il est possible d'intervenir à trois stades :

- avant la production, les mesures adoptées peuvent réduire les inégalités de capital humain et de patrimoine financier, de manière que tous commencent leur vie avec le même potentiel ;
- pendant la production, les mesures adoptées peuvent contribuer à la mise à niveau et à l'amélioration des compétences, et tenter de façonner la technologie et l'organisation des entreprises pour que ces dernières créent plus d'emplois de qualité ;
- après la production, étant donné que tous ne s'en sont pas sortis de la même manière au stade de la production, les mesures de protection et de redistribution peuvent être adoptées.

Les politiques menées jusqu'ici ont porté plutôt sur l'avant et l'après-production, avec une intervention plus restreinte sur le processus de production lui-même. Les mesures classiques d'avant et d'après production peuvent clairement être améliorées, par exemple en matière d'éducation, de fiscalité de l'héritage et, plus largement, de redistribution. Néanmoins, les mécanismes de redistribution habituels risquent de ne pas suffire. Le progrès technique et la mondialisation vont continuer à influer sur les emplois et les revenus et sans doute accroître la polarisation et les inégalités avant impôts. De plus, il y a des limites à ce que peut accomplir une redistribution avant ou après-production, étant donné les taux déjà élevés de prélèvements obligatoires et des transferts en France.

Il convient donc d'intervenir sur le processus de production lui-même. Certaines mesures sont évidentes dans leur justification, mais pas dans les détails de leur mise en œuvre : par exemple, la formation professionnelle tout au long de la vie est essentielle et pourrait être améliorée. Mais devrait-on aller plus loin ? Peut-on pousser les entreprises à se réorganiser pour créer plus d'emplois de qualité, confier plus de responsabilités aux travailleurs peu qualifiés, donner plus d'occasions de gravir l'échelle des emplois ? Peut-on rendre la technologie et l'adoption de technologies plus propices à la création d'emplois de qualité ? Le commerce international devrait-il être soumis à des restrictions s'il fait disparaître des emplois (de qualité) sur le territoire national ? Ce sont des questions difficiles, et la commission a passé beaucoup de temps à en débattre. Elles soulèvent à la fois des problèmes conceptuels et des problèmes de mise en œuvre. Nous pensons qu'il est important de les mentionner. Elles devraient être explorées, mais, comme certaines sont nouvelles et qu'elles posent toutes des problèmes de mise en œuvre, elles devraient d'abord faire l'objet de recherches supplémentaires et d'une démonstration de faisabilité.

Avant de commencer, nous devons formuler un avertissement semblable à celui fait dans les deux autres chapitres. Comme l'indiquent les commentaires qui précèdent, les inégalités sont multidimensionnelles, et la liste des mesures, institutions et dispositions réglementaires qui peuvent les affecter est longue. Nous ne pouvons pas toutes les aborder. Ainsi, certaines mesures, par exemple le revenu universel ou la structure optimale de l'impôt sur la fortune (ISF), ne seront qu'effleurées dans les paragraphes qui suivent. Notre seule excuse est que nous n'avions tout simplement pas le temps de traiter tous les sujets.

MESURES AVANT PRODUCTION : ÉTABLIR L'ÉGALITÉ DES CHANCES

Éducation

Les forces et les faiblesses du système éducatif français sont bien documentées, les réformes à entreprendre sont en débat depuis longtemps et certaines en cours de mise en œuvre. Mais il faut aller plus loin. Le système éducatif français, de la maternelle à l'enseignement supérieur, présente au moins deux faiblesses.

Tout d'abord, hormis pour une petite élite qui réussit bien, la qualité de l'enseignement n'est que moyenne alors même qu'à 5,5 % du PIB, les dépenses d'éducation sont supérieures à la moyenne de l'Union européenne. À titre d'exemple, les scores des élèves français de 15 ans au PISA sont à peine supérieurs à la moyenne de l'OCDE. Cela n'est pas de bon augure pour l'avenir, dans la mesure où les emplois de qualité nécessitent l'acquisition de compétences techniques et comportementales. Le classement médiocre des élèves français en sciences et en mathématiques est particulièrement inquiétant s'agissant de leurs perspectives d'occuper des emplois de qualité. Ainsi, l'enquête TIMSS (*Trends in International Mathematics and Science Study*) réalisée récemment auprès d'élèves de CM1 et de quatrième place la France, au vu de ses performances en mathématiques, à la dernière place des pays développés, aux côtés de la Roumanie et du Chili. La France a non seulement régressé par rapport aux meilleurs, à savoir les pays de l'Asie du Sud-Est (Chine, Corée du Sud, Japon, Singapour et Taïwan) ou la Finlande, mais également par rapport à la moyenne des pays avancés.

Ensuite, comme nous l'avons vu précédemment, notre système éducatif est très inégalitaire. Les moyens d'y remédier ont été identifiés à maintes reprises et les dernières réformes vont dans la bonne direction. Cela étant, les actions restant à mener sont à la fois connues et nombreuses. La réduction de la ségrégation scolaire est indispensable. Il faut consacrer encore davantage de ressources aux élèves défavorisés et le faire plus tôt dans leur scolarité. En cohérence avec la thématique de l'immigration évoquée dans le chapitre III du Rapport sur la démographie, l'intégration scolaire et l'augmentation des dépenses en faveur des établissements accueillant des élèves défavorisés doivent aller de pair[1].

1. Si elle peut leur permettre de proposer des programmes spécifiques et d'attirer de meilleurs élèves, une augmentation des dépenses en faveur des établissements défavorisés qui ne s'accompagnerait pas d'un effort de mixité entre élèves favorisés et défavorisés a des limites claires. Dans la mesure où la ségrégation scolaire est plus importante que la ségrégation résidentielle (M. Oberti et Y. Savina (2019),

Il faut rattraper le retard important accumulé en matière d'apprentissage, même si les dernières réformes incitant davantage les employeurs à embaucher des apprentis et les étudiants à choisir l'apprentissage ont permis de combler une partie de ce retard. Il faut redoubler d'efforts pour faire le lien entre la formation professionnelle et l'emploi. Les jeunes, en particulier ceux issus de milieux défavorisés, doivent être mieux informés sur l'importance des qualifications, les emplois et les carrières disponibles (une thématique reprise dans le Chapitre III du Rapport relatif aux défis démographiques et à la participation des personnes issues de l'immigration au marché du travail). Ils devraient avoir les moyens de trouver une issue dans le labyrinthe des filières d'enseignement secondaire et supérieur, et être informés des différences entre des filières en apparence similaires mais aux perspectives d'emploi et de carrière distinctes. Le choix des filières doit refléter les possibilités d'emploi, actuelles et futures.

Il faut renforcer l'attractivité des carrières de l'enseignement. Comme en Finlande, plus d'autonomie (accompagnée de responsabilisation) doit être accordée aux établissements et aux enseignants pour leur permettre de développer des démarches novatrices

---

« Urban and school segregation in Paris: The complexity of contextual effects on school achievement. The case of middle schools in Paris », *Urban Studies*, vol. 56 (15), p. 3117-3142), la « déségrégation » est peut-être moins problématique qu'aux États-Unis où la ségrégation résidentielle est très élevée. Cette « déségrégation » peut être réalisée par le biais de « chèques éducation », de quotas en faveur des élèves défavorisés et par d'autres moyens.

fondées à la fois sur l'expérimentation et l'analyse comparative. La Finlande montre aussi que l'attractivité des carrières n'est pas qu'une question budgétaire. Ce pays, qui se place dans les tout premiers rangs mondiaux en mathématiques, en sciences et en lecture et compréhension de texte, a l'un des systèmes éducatifs les plus performants et les plus égalitaires, malgré un budget limité (bien sûr, la Finlande a des spécificités par rapport à la France, y compris une moindre inégalité due au milieu familial et à la langue). L'autonomie et la liberté des méthodes pédagogiques peuvent y contribuer, ainsi qu'une solide formation continue des professeurs.

Cela dit, les salaires des enseignants étant trop faibles en France, les candidats qualifiés sont trop peu nombreux à se présenter aux postes d'enseignant, en particulier dans les disciplines scientifiques si essentielles aux emplois de qualité. Il faudrait que les salaires reflètent davantage les compétences et que le montant des primes soit suffisamment élevé pour inciter les enseignants les plus chevronnés à exercer leur métier dans des zones défavorisées. La revalorisation des salaires des nouvelles recrues et le renforcement de leurs compétences ne devraient pas présenter de difficultés particulières. En revanche, l'application des nouvelles conditions salariales aux enseignants en poste, ayant certes un effet bénéfique sur leur moral, aurait un coût budgétaire très élevé. Notre commission n'a pas eu le temps d'explorer les voies de réforme en la matière. Sans doute faudra-t-il réfléchir à des approches nouvelles, sans préjugé, et aussi regarder ce qui a été fait à l'étranger

– par exemple, en Finlande, en Corée du Sud ou en République tchèque[1].

Successions

La logique des droits de succession (par opposition à un impôt sur la fortune, par exemple) est d'égaliser partiellement les conditions financières des nouvelles générations. Les résultats de l'enquête présentés dans le Chapitre II du Rapport montrent que les Français ne plébiscitent pas l'imposition des successions mais aussi que leur perception est fondée sur des considérations éthiques contradictoires. En effet, une grande majorité d'entre eux considèrent que les parents ont le droit de transmettre à leurs enfants un patrimoine durement gagné sans être imposés. Mais ils considèrent également en majorité que permettre l'inégalité des

1. En Finlande, les enseignants sont des fonctionnaires municipaux. La protection de l'emploi est juridiquement très similaire à celle d'employés permanents, mais dans la pratique, elle peut être plus importante. Les enseignants licenciés peuvent faire appel avec les mêmes motifs que les salariés, mais les litiges sont traités par le tribunal administratif plutôt que par les tribunaux ordinaires. Le recrutement des nouveaux personnels en contrat à durée indéterminée de droit privé plutôt que sous le statut de fonctionnaire, comme cela a été fait pour La Poste et France Télécom, pourrait par exemple être exploré. Les personnes en CDI percevraient un salaire plus élevé et les enseignants en poste, dont le statut de fonctionnaire serait préservé, auraient la possibilité d'opter pour le nouveau statut. Ils seraient alors soumis aux nouvelles modalités contractuelles, et une reconversion professionnelle pourrait leur être proposée en cas de besoin. Il peut également être judicieux de rémunérer davantage les professeurs de mathématiques et de sciences, plus difficiles à recruter.

chances à la naissance en raison de dotations différentes constitue une injustice. Ces points de vue font apparaître une tension évidente. Ils reflètent clairement une demande d'égalité des chances, et cette dernière peut servir de ligne directrice pour une réforme. La logique d'égalité des chances implique de s'intéresser, non pas à ceux qui donnent, mais à ceux qui reçoivent, en retenant comme base imposable le montant total reçu par le bénéficiaire. Cela étant, la transmission d'un « patrimoine durement gagné » devrait être en grande partie exonérée grâce à un niveau d'abattement élevé, et les recettes fiscales concernées pourraient être explicitement affectées à des mesures de redistribution.

Tel n'est pas le cas aujourd'hui. Tout d'abord, les droits de succession sont fondés largement sur le donateur et non sur le bénéficiaire. À titre d'exemple, à montant d'héritage égal, le taux d'imposition est plus faible si le bénéficiaire hérite de deux personnes (ses deux parents) plutôt que d'une seule (un seul de ses parents). Or, au regard de l'égalité des chances et selon les préférences exprimées par la population sondée, ce n'est pas ce que l'on donne mais ce que l'on reçoit qui doit compter. Par ailleurs, le Code des impôts prévoit des abattements tous les quinze ans, avantageant ainsi les donateurs et les bénéficiaires qui connaissent ces dispositions et peuvent planifier la transmission du patrimoine longtemps à l'avance. La logique voudrait ici que l'on prenne en compte l'ensemble des donations reçues par le bénéficiaire au cours de sa vie dans le calcul de l'impôt.

La recommandation formulée dans le Rapport, selon laquelle les bénéficiaires devraient être imposés sur la totalité des sommes qu'ils reçoivent des donateurs au cours de leur vie, est séduisante. Nous la reprenons à notre compte, en exprimant toutefois la même réserve que celle formulée par les auteurs : nous disposons de peu d'éléments sur les obstacles à sa mise en œuvre pratique (le seul pays européen à avoir adopté cette approche est l'Irlande, où le montant total des donations et héritages reçus au cours de la vie constitue la base imposable, après abattement de 335 000 euros pour les transmissions entre parent et enfant).

La transmission de patrimoine entre générations est loin d'être négligeable. Le ratio des transmissions annuelles (donations et héritages) par rapport au revenu disponible annuel des ménages est estimé à 19 % et devrait atteindre entre 25 % et 32 % en 2050. Sans surprise, ce ratio est plus élevé pour les catégories ayant des revenus élevés. En dépit de leurs taux d'imposition élevés[1], les droits de succession ne représentent cependant que 1,2 % de l'ensemble des recettes fiscales : pour répondre à l'impopularité de cet impôt, le législateur français n'en a pas changé les taux ou la progressivité, mais il a créé des exonérations et des possibilités d'évitement, un mal bien français. Nous ne voyons pas comment le fait d'encourager des ménages bien informés à pratiquer l'optimisation fiscale peut rendre le système plus juste. Un exemple

1. Avec un taux marginal d'imposition des successions entre parents et enfants allant jusqu'à 45 %, la France a le taux le plus élevé des pays de l'OCDE après le Japon (50 %) et la Corée du Sud (55 %).

en est donné dans le Rapport : celui du traitement réservé aux polices d'assurance-vie, avec un abattement de 150 000 euros par bénéficiaire et des taux préférentiels au-delà de ce seuil.

La commission recommande de taxer mieux plutôt que de taxer davantage. Nous craignons toutefois que les droits de succession restent impopulaires, même s'ils sont « améliorés ». Les deux mesures présentées ci-après peuvent contribuer à réduire l'écart entre les perceptions de la population et la recommandation de la commission.

Tout d'abord, quelle que soit notre opinion sur l'imposition des successions du point de vue de l'éthique, il est clair que sa logique et sa justification impliquent de la fonder sur ce que reçoit le bénéficiaire, et non sur ce que donne un donateur. Il peut y avoir des divergences de vue sur les taux à appliquer, mais pas sur des caractéristiques qui rendent cet impôt aléatoire ou manipulable. Enfin, afin de tenir compte du souhait légitime de pouvoir transmettre un patrimoine « durement gagné », le seuil à partir duquel celui-ci est imposé doit être élevé. Des consultations citoyennes et des débats publics sur la question pourrraient contribuer à réduire l'impopularité de cet impôt.

Par ailleurs, pour souligner encore davantage son rôle redistributif, il pourrait être judicieux de faire une entorse aux principes des finances publiques en affectant les recettes fiscales des droits de succession à une redistribution financière favorisant l'égalité des chances. Sans privilégier une action plutôt qu'une autre, ces recettes fiscales affectées pourraient servir à créer des comptes individuels auxquels les jeunes les moins favorisés pourraient recourir pour éviter de devoir travailler trop lorsqu'ils étudient ou se forment, ou des comptes financiers auxquels les enfants défavorisés pourraient avoir accès lorsqu'ils deviennent adultes. Elles pourraient aussi servir à financer des programmes en faveur de la petite enfance.

Cela étant dit, l'évasion fiscale constitue un risque sérieux. Les contribuables peuvent patiemment transmettre de l'argent à leurs enfants (pour de faibles montants), mais ils peuvent aussi s'expatrier (pour des montants plus importants). Avant d'entreprendre une réforme, de plus amples travaux doivent être conduits sur ces questions, les éléments disponibles étant insuffisants. En particulier, les statistiques sur les successions en France, par exemple sur les successions par tranche d'imposition, sont très lacunaires.

MESURES APRÈS PRODUCTION

Certaines des propositions de mesures au stade de production étant très controversées au sein de la commission, nous en discutons plus loin.

Tous les impôts et transferts ont des aspects redistributifs et donc affectent les inégalités d'une manière ou d'une autre. Un débat sur le système français d'imposition/de transfert dans son ensemble, abordant ses incidences en matière d'inégalité, irait bien au-delà de ce que la commission pouvait faire. La tension entre efficacité et distribution rend cette question complexe. L'efficacité implique d'imposer les facteurs les moins mobiles, ce qui entraîne moins de distorsions ; l'exemple-type est l'imposition des rentes pures, comme les rentes foncières. Mais les impôts, et plus encore les transferts, ont des effets redistributifs. L'exemple d'un impôt sur les biens immobiliers est à cet égard révélateur. La valeur d'un bien immobilier reflète surtout la valeur du terrain qui est un facteur immobile. Du point de vue de l'efficacité, cet impôt crée peu de distorsions, mais il pèse largement sur les ménages des classes moyennes dont la richesse est souvent essentiellement immobilière. Un bon taux d'imposition devrait permettre de trouver un équilibre en efficacité et égalité, et refléter les préférences de la société[1]. Les économistes peuvent attirer l'attention sur les équilibres à trouver, mais c'est aux politiques qu'il revient de choisir.

Nous pouvions toutefois nous concentrer sur certains pans du système d'imposition/de transfert qui peuvent être améliorés. C'est la raison pour laquelle les auteurs du Chapitre II du Rapport ont décidé de

1. Quoique conscients du fait que l'ISF tient une place essentielle dans le débat politique en France, nous ne le traitons pas dans le détail, ce pour plusieurs raisons. Premièrement, son importance (le coût du passage à l'impôt sur la fortune immobilière – l'IFI – est estimé à environ 2 ou 3 milliards d'euros par an) est très faible par rapport aux sommes que représentent les trois défis que nous mentionnons. Deuxièmement, les données probantes sur les effets d'un impôt sur la fortune, du point de vue d'un équilibre entre efficacité et redistribution que nous venons d'évoquer, sont limitées. Troisièmement, la cohérence d'un impôt sur la fortune, des autres impôts sur les revenus du capital et de l'impôt sur les successions appelle d'autres études.

s'intéresser principalement à la fiscalité des revenus du capital, un domaine dans lequel il existe une marge d'amélioration.

Le capital est mobile, le travail beaucoup moins. Les gouvernements ont constaté que leurs tentatives de taxer le capital se sont souvent soldées par une fuite des capitaux à l'étranger, et que des taux élevés d'imposition ont souvent entraîné une baisse des recettes fiscales. C'est pourquoi les récentes réformes entreprises en France ont réduit l'écart avec l'étranger. Mais la concurrence fiscale entre pays a entraîné une baisse des taux d'imposition sur le capital mobile, un nivellement vers le bas. Les pays ont tenté d'attirer les capitaux mobiles et ont donc créé de nombreuses échappatoires fiscales ; ils se sont assuré des recettes fiscales en maintenant des taux d'imposition élevés sur les facteurs moins mobiles tels que le travail.

Le défi est donc de mieux taxer le capital, en abaissant les taux d'imposition, en augmentant les recettes fiscales et en réduisant les distorsions. La France a récemment accompli des progrès. Ainsi, certains taux d'imposition très élevés sur le capital, qui dépassaient parfois les 100 %, ont été supprimés. Le Prélèvement forfaitaire unique (PFU), également appelé *flat tax*, a plafonné les taux d'imposition marginaux sur les revenus du capital, ce qui a permis de réduire les distorsions.

Toutefois, le progrès technologique, le partage de renseignements et la conclusion de nouveaux accords internationaux permettraient de faire encore plus.

• *Technologies :* l'analyse de données et le système du tiers déclarant (qui existe déjà pour les salaires et la TVA) peuvent contribuer à améliorer la discipline fiscale. Des progrès peuvent par exemple être accomplis en augmentant la part de contrôles ciblés au moyen de l'intelligence artificielle et des algorithmes d'exploration de données (*data mining*) – part qui devrait avoir atteint 30 % en 2020 et qui a été fixée à 50 % en 2023. Les dispositifs destinés à augmenter la discipline fiscale ont pour effet non seulement d'augmenter les montants recouvrés, mais aussi de promouvoir l'équité (plutôt qu'une société où les personnes scrupuleuses paient plus d'impôts que les opportunistes) et au bout du compte, la redistribution. Citons un extrait du chapitre II du Rapport : « si les travailleurs ordinaires perçoivent pour la plupart des salaires déclarés par des tiers, les personnes les plus aisées perçoivent une part bien supérieure de leurs revenus sous forme de plus-values, de dividendes, de revenus locatifs, de revenus d'entreprise ou de revenus industriels et commerciaux. Or ces types de revenus présentent des taux d'évitement de l'impôt bien supérieurs ».

- *Renseignements :* l'échange automatique de renseignements (EAR) entre pays constitue un élément essentiel en la matière. La France devrait continuer à jouer un rôle-clé dans le développement de l'EAR et insister sur la nécessité de l'étendre à toutes les classes d'actifs, y compris les biens immobiliers et les biens professionnels (le champ d'application des règlementations en vigueur dans l'Union européenne est plus large que celui de l'EAR de l'OCDE, et inclut déjà certains actifs non financiers tels que les biens immobiliers).
- *Accords internationaux :* la commission soutient fortement le projet du G20 et de l'OCDE sur l'érosion

de la base d'imposition et le transfert de bénéfices (BEPS)[1]. De nombreuses entreprises multinationales déclarent leurs bénéfices dans des pays à faibles taux d'imposition, quel que soit le pays où elles commercialisent effectivement leurs produits. Le pilier 1 vise à redistribuer en partie les droits d'imposition entre les pays en abandonnant les critères de résidence fiscale et de présence physique (propriété, installations de production et salariés) pour intégrer la dimension de la demande (chiffre d'affaires, produits et clients). Le pilier 2 a pour objet de réduire la concurrence fiscale en permettant aux pays de « récupérer l'impôt sur les bénéfices » lorsque d'autres pays n'ont pas exercé (« suffisamment ») leur droit initial d'imposition. Si cette proposition n'est pas approuvée, une autre possibilité serait de parvenir à un accord sur un taux d'imposition minimum pour éviter un nivellement vers le bas. Enfin, et c'est primordial, la fiscalité des entreprises multinationales devrait concerner tous les secteurs, et pas uniquement les entreprises du numérique.

Une coordination internationale sur les revenus des ménages est aussi souhaitable. Comme le note le Chapitre II du Rapport, il est fréquent que les impatriés bénéficient de régimes fiscaux préférentiels pendant de nombreuses années. Ainsi, dans de nombreux

1. Ceci a été écrit avant la déclaration du président Biden en faveur d'une taxation minimale du capital de 15 % au niveau mondial, confortant ainsi l'approche de l'OCDE. Même s'il faudra surveiller l'équité de la ventilation de cet impôt entre pays ainsi que la présence éventuelle d'exemptions, la volonté de limiter la concurrence fiscale entre pays est une excellente nouvelle.

pays, le taux d'imposition des impatriés qui disposent d'un revenu élevé est inférieur à celui de travailleurs au revenu équivalent, qui y sont déjà domiciliés fiscalement. Les pays peuvent légitimement avoir des préférences différentes en ce qui concerne les taux d'imposition, mais réduire, parfois de façon considérable, les impôts sur le revenu des personnes hautement qualifiées et mobiles ne joue pas en faveur de plus d'égalité et peut difficilement être justifié par des considérations d'efficacité au niveau mondial. Un exemple proche de nous est le traitement fiscal extrêmement généreux réservé aux professeurs travaillant à l'étranger qui décident de s'installer ou de rentrer en Italie. Cette question devrait être débattue, du moins au niveau européen si ce n'est dans un cadre plus large. Une autre possibilité, choisie par les États-Unis, consisterait à soumettre les citoyens français résidant à l'étranger à l'impôt français (au-delà des impôts qu'ils doivent acquitter dans leur pays de résidence), du moins pendant quelques années.

Ces changements n'élimineront pas d'eux-mêmes toutes les failles qui limitent l'efficacité et l'équité du système fiscal. Bien que les politiques condamnent souvent les niches fiscales dans leurs discours, ils en créent régulièrement de nouvelles pour satisfaire leurs électeurs. Certaines de ces échappatoires fiscales répondent effectivement à une logique d'efficacité, comme les exonérations dégressives au titre de « l'aide à domicile » mises en place pour lutter contre le travail au noir. Un autre exemple est l'exonération des plans d'épargne en actions (PEA), qui permet aux dividendes et plus-values des PEA (conservés pendant cinq ans et pour des versements plafonnés à 150 000 euros) d'échapper à l'impôt. Cette exonération compense en partie la préférence marquée des Français pour les fonds d'assurance-vie en euros au détriment des investissements dans l'appareil productif qui permettent de contribuer à la croissance. Cependant, de nombreuses niches fiscales ne répondent ni à une logique de redistribution ni à une logique d'efficacité. Ainsi, les études empiriques n'ont cessé de montrer que les mesures en faveur de l'investissement immobilier (comme les réductions d'impôt introduites par la loi Pinel, les exonérations des plus-values immobilières réalisées lors de la cession de la résidence principale ou les aides à l'investissement locatif, dont les réductions d'impôt) bénéficient principalement aux propriétaires en augmentant les prix immobiliers et les loyers dans les centres-villes, et profitent peu aux personnes ciblées. En d'autres mots, l'effet redistributif pourrait être bien plus important si l'argent public était utilisé autrement.

Il convient donc de mettre en place un processus d'évaluation et de révision des différentes exonérations fiscales, par exemple une commission économique qui identifierait les exceptions, et formulerait des recommandations au gouvernement et au Parlement. La difficulté est de s'assurer que ces recommandations ne restent pas lettre morte.

MESURES AFFECTANT LA PRODUCTION : ADAPTER LES COMPÉTENCES À LA TECHNOLOGIE ET LA TECHNOLOGIE AUX COMPÉTENCES

Le progrès technologique, tout comme le commerce international, a des effets complexes sur la structure de la production et, par conséquent, sur la répartition du travail. Parfois, le progrès technologique remplace la main-d'œuvre par le capital, ce qui conduit à l'élimination d'emplois faiblement ou moyennement qualifiés à forte composante de routine. Parfois, il vient en complément de la main-d'œuvre, permettant à des travailleurs peu qualifiés de prendre en charge des tâches plus complexes ou à des travailleurs moyennnement qualifiés de passer à des tâches considérées auparavant comme hautement qualifiées. Par exemple, les infirmières et les ambulanciers peuvent de plus en plus effectuer des tâches jusqu'ici réservées aux médecins, ce qui accroît la demande de personnel moyennement qualifié et diminue celle de personnel hautement qualifié. Si on peut faire une analyse des postes déjà transformés ou éliminés, il est difficile de prévoir l'impact à plus long terme des transformations technologiques sur la répartition des emplois.

Le commerce international crée des emplois dans les secteurs de l'exportation, mais il conduit également dans les secteurs exposés aux importations à la fermeture d'entreprises et à la disparition de certains emplois peu ou moyennement qualifiés. La perte d'emplois, sans doute parce qu'elle est plus visible, frappe plus l'opinion publique que la création d'emplois, qui passe plus inaperçue, et les nouveaux emplois ne sont pas nécessairement créés là où des postes ont disparu sous la pression des importations. Les sondages montrent que les Français considèrent le commerce international comme le principal responsable de la disparition des emplois peu ou moyennement qualifiés. Dans notre enquête, 57 % des sondés désignent la délocalisation (*outsourcing*) et la mondialisation comme les causes principales de la perte d'emplois, alors que seulement 28 % accusent la technologie. Au contraire, la plupart des économistes parviennent à la conclusion que le progrès technologique, en s'attaquant aux tâches routinières et peu qualifiées, est de fait le facteur le plus important.

L'approche traditionnelle dans l'élaboration des politiques consiste à considérer l'évolution des technologies et des échanges internationaux comme inéluctables, à former les travailleurs pour qu'ils s'adaptent aux postes de travail existants, et à soutenir ceux qui ont eu la malchance de perdre leur emploi en leur versant des allocations chômage et en leur proposant des reconversions. La commission a débattu sur l'intérêt de mettre en place une politique plus ambitieuse à deux niveaux : premièrement, en tentant de jouer sur la répartition des emplois elle-même, en incitant les entreprises à créer plus d'emplois qualifiés et à choisir des technologies qui accompagnent la main-d'œuvre plutôt que de s'y substituer et, deuxièmement, en imposant des restrictions sur les échanges internationaux afin d'empêcher le déplacement des emplois de qualité vers les pays pratiquant toute forme de dumping social (dont la définition est discutée ci-dessous).

Formation des travailleurs

Il est primordial de préparer les travailleurs aux meilleurs emplois pour lesquels ils sont qualifiés et de les aider à les décrocher. Sous le nom de « politiques actives du marché du travail » (PAMT), les programmes mis en place à cet effet englobent des mesures aussi diverses que la formation professionnelle, les subventions à l'emploi, les travaux d'intérêt public ainsi que l'aide à la recherche d'emploi et la mise en relation avec les employeurs.

Leur impact est inégal. Les données montrent que les programmes les plus performants sont ceux qui sont organisés en collaboration avec les employeurs. Les exemples de l'Allemagne, de la Suède, du Luxembourg et de la Suisse présentés dans le Rapport montrent tous à quel point des interactions plus étroites avec les entreprises pour définir des postes et élaborer des formations peuvent avoir de bons résultats. Très étudié, le programme QUEST au Texas a mis l'accent sur les emplois plutôt que sur les seuls emplois de qualité et a obtenu des résultats exceptionnels (augmentations salariales annuelles estimées entre 3 000 et 6 000 dollars, pour un investissement compris entre 5 000 et 10 000 dollars). Sur la base de ces éléments, nous estimons qu'il serait judicieux que Pôle emploi interagisse davantage avec les employeurs du secteur privé et utilise les informations recueillies pour offrir un meilleur service aux employeurs comme aux demandeurs d'emploi.

La France vient de s'engager dans une réforme majeure de la formation professionnelle. Tout d'abord, en instaurant le compte personnel de formation (CPF) et ensuite, en créant une nouvelle structure chargée de la coordination, du financement et de la certification de la formation professionnelle (France Compétences). Il s'agit d'une avancée potentiellement très importante mais cela reste à confirmer. France Compétences devra relever les défis suivants : réduire le trop grand nombre d'organismes de formation, fournir aux personnes à la recherche d'une formation des informations objectives sur la nature et la qualité des différentes offres de formation, apporter le soin nécessaire à la certification des programmes de formation et faire en sorte que les bénéficiaires de formation soient ceux qui en ont le plus besoin. Singapour et l'Allemagne sont deux bons exemples à étudier.

Nous pensons qu'il existe trois axes d'amélioration du fonctionnement de Pôle emploi et de France Compétences. Cela suppose une coopération plus étroite entre les deux institutions pour identifier les besoins des entreprises, une plus grande proactivité lorsqu'il s'agit d'aider les travailleurs dont les emplois sont menacés par la restructuration d'une entreprise et enfin une réflexion, aux côtés des entreprises, sur le contenu des emplois et les parcours d'évolution de carrière afin d'en renforcer l'attractivité. Là encore, il y a beaucoup à apprendre des actions menées dans d'autres pays.

Jusqu'à présent, nous nous sommes concentrés sur l'amélioration de la formation. Fournir aux travailleurs et aux entreprises des incitations supplémentaires à suivre ou à dispenser de telles formations serait un autre levier d'action pertinent. La France est ici mal positionnée en raison de la structure généreuse de ses transferts fiscaux. L'association d'un impôt négatif sur le revenu (la prime d'activité), de subventions directes aux employeurs pour les travailleurs à bas salaires et d'importantes réductions des cotisations patronales sur les bas salaires a abaissé le coût des travailleurs peu qualifiés tout en augmentant le revenu de ces derniers. Cela explique en partie pourquoi les taux de pauvreté après impôts sont faibles en France et il y a de toute évidence lieu de s'en réjouir. Toutefois, ces différents abattements ainsi que les indemnités de logement, l'exonération de l'impôt sur le revenu et la prime d'activité diminuent progressivement à mesure que les revenus augmentent et disparaissent pour les salaires représentant 1,6 fois le salaire minimum. Il en résulte des taux d'imposition marginaux effectifs très élevés pour les travailleurs percevant un salaire proche du salaire minimum, ce qui les incite peu à rechercher de meilleurs emplois et, symétriquement, diminue pour les entreprises le bénéfice d'investir dans l'élargissement des compétences de leurs salariés pour favoriser leur évolution professionnelle. Il y a là matière à réformes.

L'une des hypothèses qui vient immédiatement à l'esprit consiste à faire en sorte que la suppression progressive des avantages accordés aux bas salaires s'étende sur une fourchette de salaires plus large mais cela peut rapidement devenir coûteux pour l'État. Une autre consiste à prévoir des mesures d'incitation spécifiques pour que les entreprises proposent des formations et que les travailleurs les suivent.

Quant aux entreprises, elles pourraient être incitées à offrir des formations en subordonnant la réduction des cotisations patronales à l'offre de formations qualifiantes. L'entreprise pourrait contribuer par un abondement supplémentaire au compte personnel de formation (CPF) du salarié. Cet abondement serait ainsi intégré dans la réforme globale de la formation des travailleurs peu qualifiés et devrait répondre à la nécessité d'un enseignement professionnel reconnu au niveau national. Les qualifications devraient être entièrement certifiées et adaptées aux besoins sectoriels à l'échelle locale. Le fait de subordonner la réduction des cotisations patronales à l'offre de telles formations augmenterait le coût de l'emploi, dont une partie pourrait être compensée, *via* une forme de partage de l'abondement entre l'entreprise et l'État. Cette démarche pourrait être harmonisée avec les solutions envisagées dans le Chapitre III du Rapport consacré à la démographie pour améliorer la formation et les débouchés professionnels des travailleurs seniors.

Du côté des travailleurs, des incitations à la formation analogues pourraient être accordées, notamment sous forme de bourses ou de prêts non remboursables si les fonds sont utilisés à des fins de formation. Ici encore, l'expérience étrangère est utile. En Norvège, par exemple, chaque étudiant bénéficie d'un prêt de 1 150 euros par mois, dont les remboursements sont subordonnés aux revenus futurs, la dette étant réduite si l'étudiant a de bons résultats et ne prend pas de retard dans l'obtention de son diplôme. Il serait utile de réfléchir à la manière de concevoir une politique similaire pour les jeunes travailleurs. Enfin, si notre proposition d'affecter les recettes fiscales des droits de succession à des comptes de formation ou d'éducation pour les jeunes était retenue, ces deux mesures pourraient être conjuguées.

Dès lors qu'elles sont bien conçues, les politiques du marché du travail sont également susceptibles de favoriser les emplois de qualité. En particulier, la modulation des cotisations patronales à l'assurance chômage (connue en France sous le nom de « bonus-malus ») fait supporter aux employeurs les conséquences de leurs licenciements tout en leur offrant une certaine marge de manœuvre pour ajuster le volume de main-d'œuvre aux fluctuations de la demande, aux réorientations et aux crises économiques auxquelles font face les entreprises. Ces politiques atténuent ainsi la dualité dommageable entre les emplois précaires (les CDD), qui sont de courte durée, et les emplois surprotégés (les CDI), qui durent plus longtemps mais se font rares, les entreprises craignant de ne pas disposer d'une souplesse suffisante si elles sont confrontées à de brusques variations de la demande ou des coûts. En France, les travailleurs sous contrat de courte durée ont des perspectives limitées dans l'entreprise (au bout d'un certain nombre de renouvellements, leur contrat doit être transformé en contrat de longue durée) et ne bénéficient d'aucune formation car il s'agit de « travailleurs jetables ». Pour ces travailleurs, la modulation des cotisations patronales à l'assurance chômage (le bonus-malus), dans la mesure où elle augmente la durée de l'emploi, peut contribuer à la qualité de vie et de l'emploi. Elle incite également les entreprises à investir davantage dans leurs salariés et donc à améliorer la qualité des emplois. Il est intéressant de noter que les travailleurs français titulaires d'un contrat de longue durée déclarent souvent souffrir d'anxiété et s'ennuient parfois au travail : parce qu'il est difficile de trouver de tels emplois, ces travailleurs s'accrochent à leur poste, en espérant qu'il ne sera pas supprimé, et ne peuvent pas relever de nouveaux défis ailleurs. En 2019, des initiatives ont été prises pour introduire en France une modulation des cotisations patronales à l'assurance chômage. Comme d'habitude en France, de nombreuses dérogations ont été prévues : cette modulation s'appliquerait à seulement sept secteurs et les incitations ainsi créées seraient encore trop faibles. Toutefois, cela constitue un bon début et la réforme devrait être poursuivie.

Amélioration du nombre d'emplois et de leur qualité

Deux questions intimement liées se posent quant à l'offre et à la nature des emplois :

- la première est que, avec l'intelligence artificielle et les robots, certains emplois considérés comme des emplois de qualité risquent d'être détruits à une vitesse sans précédent dans les années à venir. Toute transition est coûteuse, et celle-ci peut l'être particulièrement en raison de son ampleur et de sa rapidité ;
- la seconde est que les travailleurs qui occupent ces emplois sont exposés au déclassement social. Bien que

nous ne puissions pas bien prévoir les conséquences du bouleversement technologique à venir, il existe une forte probabilité d'augmentation de la polarisation (disparition progressive de la classe moyenne, et une croissance de la part des travailleurs très qualifiés et peu qualifiés). Comme l'explique le Rapport, la disparition d'emplois de qualité a conduit à une forte dégradation de l'état de santé et à de graves problèmes de criminalité au sein des populations touchées, facteurs de désespoir et de montée du populisme.

Les auteurs du chapitre du Rapport insistent sur le fait que les politiques suivies habituellement supposent une adaptation des travailleurs et de leurs compétences aux nouvelles technologies et laissent de côté la question d'une adaptation des technologies à la main-d'œuvre. Or, le progrès technologique et notamment son adoption ne sont pas des processus exogènes, qu'un pays doit nécessairement prendre comme donnés en s'y adaptant de façon passive. Les entreprises choisissent leur mode d'organisation interne, la gestion de l'évolution professionnelle de leurs salariés, les options technologiques retenues et les machines-outils utilisées. La question est de savoir si, et comment, des politiques peuvent infléchir ces décisions et créer davantage d'emplois de qualité.

Certes, une telle inflexion peut augmenter les coûts de production et entraîner une baisse du pouvoir d'achat des consommateurs. Toutefois, comme pour le changement climatique, on peut conclure que cela vaut la peine de rogner sur notre niveau de vie pour favoriser l'essor d'un environnement plus favorable, en l'occurence une société plus égalitaire. En d'autres termes, on peut arguer que la priorité accordée aux besoins des consommateurs par rapport au bien-être des travailleurs est allée trop loin et qu'il convient d'y remédier. Le choix appartient à la société et à ses représentants plutôt qu'aux experts. Ces derniers peuvent néanmoins étudier la nature des options en présence. C'est ce que les auteurs du présent chapitre ont tenté de faire et ce qui a donné lieu à des débats intenses mais utiles au sein de la commission.

Deux approches peuvent être envisagées. La première consiste à réduire globalement le coût du travail par rapport au coût du capital, que ce soit par des modifications de la fiscalité ou de la réglementation du marché du travail, incitant ainsi les entreprises à adopter des technologies plus favorables à la main-d'œuvre. Cela soulève toutefois des questions plus vastes sur l'imposition relative du capital et du travail ainsi que sur la réglementation du marché du travail, avec leurs nombreux autres effets souhaitables ou moins souhaitables. La seconde approche consiste à mettre en place des interventions plus ciblées ; c'est sur ce point que le Chapitre II du Rapport s'est concentré et sur lequel nous allons nous pencher à présent.

R & D, adoption des technologies et (qualité des) emplois

Les auteurs du chapitre II du Rapport suggèrent plusieurs pistes. Ils proposent la mise en place d'une structure spécifique chargée d'encourager les entreprises à créer plus d'emplois de qualité : les « agences régionales pour l'activité économique » (ARAE). Les ARAE engageraient un dialogue avec les entreprises locales pour leur offrir un portefeuille de services, ou avec les investisseurs potentiels dans le but de les aider à créer plus d'emplois de qualité en réaménageant le travail et en proposant de meilleures perspectives d'évolution de carrière. Elles ajouteraient à la liste existante des conditions d'attribution des aides à l'investissement un critère basé sur les engagements de l'entreprise en matière de création d'emplois, et elles en contrôleraient les résultats. Les auteurs mettent l'accent sur la nécessité de ne pas alourdir le paysage institutionnel existant par la création d'un organisme qui accroîtrait encore la pression bureaucratique déjà importante qui s'exerce sur les entreprises. Ils insistent donc sur l'obligation de réorganiser et d'intégrer le mieux possible les missions des organismes financeurs (BPI, communes, régions), des services de l'emploi (Pôle emploi), et des organismes de formation (France Compétences) afin de conférer aux ARAE la plus grande efficacité possible[1]

Les auteurs recommandent également d'encourager les innovations propices à l'augmentation et la qualité de l'emploi. À cette fin, ils proposent qu'une évaluation des perspectives d'emploi soit effectuée avant de fixer les priorités du financement public de l'innovation. Actuellement, les subventions et programmes d'aide à la R & D visent souvent des secteurs spécifiques

1. Pôle emploi a déjà évolué dans ce sens. Plus de 5 000 conseillers ont comme principale mission de nouer des relations avec les entreprises et de les aider à définir les postes et à trouver des candidats.

(par exemple les batteries ou plus généralement les technologies vertes, dans le cadre du pacte vert pour l'Europe), mais ne reflètent pas l'impact de ces technologies sur l'emploi. Cet impact devrait être pris en compte dès lors qu'il peut être évalué.

Les difficultés dans ce domaine ne doivent cependant pas être sous-estimées. Prenons par exemple l'idée d'une taxe sur les robots. Comment définir les robots ? Sont-ils des machines ou également des logiciels ? Dans les deux cas, ils peuvent détruire des emplois. Si les robots détruisent des emplois dans une entreprise mais accroissent sa productivité et diminuent ainsi les coûts pour d'autres entreprises, ils peuvent conduire en dernière analyse à une augmentation du nombre d'emplois plutôt qu'à une diminution. On commence tout juste à recueillir des données empiriques sur les effets directs et indirects de l'automatisation sur l'emploi. Les premiers résultats sont mitigés[1] et montrent à quel point il est difficile d'identifier les effets sur le nombre et la qualité des emplois.

Les auteurs du chapitre II du Rapport proposent aussi un certain nombre d'interventions plus légères dans le but d'inciter les entreprises et les chercheurs à prendre conscience des conséquences de leurs investissements et de leurs travaux de recherche sur le nombre et

1. Il est intéressant de comparer les conclusions proposées par P. Aghion, C. Antonin, S. Bunel et X. Jaravel (2020), « What are the labor and product market effects of automation? New evidence from France » (*CEPR Discussion Paper*, n° 14443, mars) et par D. Acemoglu, C. Lelarge. et P. Restrepo (2020), « Competing with robots: firm-level evidence from France » (*AEA Papers and Proceedings*, vol. 110, mai, p. 383-388).

la qualité des emplois. Il s'agit notamment d'informer les employés et de les consulter lorsque l'entreprise réfléchit à son schéma d'organisation, ainsi que de sensibiliser les chercheurs en intelligence artificielle aux conséquences de leur travail (comme ce fut le cas pour les chercheurs impliqués dans des projets controversés dans le domaine de la défense). Dans son ensemble, la stratégie consiste à définir de nouvelles normes, et à les combiner à des incitations fortes.

Commerce international et emplois (de qualité)

Au niveau macroéconomique, une politique qui favorise la qualité de l'emploi entraîne normalement une augmentation des coûts de production nationaux dans la mesure où les entreprises sont amenées à distordre leurs choix technologiques au profit de la structure des emplois. C'est le cas même si elle consiste en subventions, puisque ces dernières doivent être financées par une taxe sur la production payée par les bénéficiaires eux-mêmes ou par d'autres redevables. Le risque alors est la délocalisation de la production ou des achats, comme nous l'avons vu dans la section sur le changement climatique pour la taxe carbone : les entreprises pourraient décider de produire à l'étranger ou les consommateurs pourraient préférer les importations à la production locale. Faut-il imposer des restrictions commerciales (à la frontière européenne, puisque le marché unique interdit l'instauration de barrières commerciales au sein de l'Europe) ? Il faut être réaliste : aussi populaire soit-elle, l'instauration de restrictions commerciales généralisées pour contrer la perte éventuelle d'emplois de qualité serait contre-productive, même si son objectif semble légitime. Ce genre de restrictions donnerait lieu à des représailles, donc à la perte d'emplois, éventuellement d'emplois de qualité, dans d'autres secteurs de l'économie.

Mais les résultats de l'enquête montrent que l'opposition à la liberté des échanges reflète en partie un sentiment d'injustice, l'impression que la concurrence et les échanges commerciaux ne se font pas à la loyale si un autre pays profite d'une législation nationale protégeant moins ses travailleurs. En conséquence, Dani Rodrik and Stefanie Stancheva proposent une approche en deux volets. Premièrement, au niveau national ou de préférence au niveau européen, des débats pourraient être organisés entre les parties prenantes, producteurs et consommateurs : les arguments sont-ils suffisants pour porter la question devant l'OMC ? Il est difficile d'agréger les votes des perdants (par exemple, les travailleurs et les investisseurs des secteurs exportateurs, les consommateurs) et ceux des gagnants (par exemple, les travailleurs et les investisseurs des secteurs qui pâtissent de la concurrence des importations) en cas de mise en œuvre de mesures de restriction, d'autant plus que certains groupes peuvent se faire mieux entendre que les autres. Mais une telle consultation permettrait probablement de mieux appréhender les possibilités de compromis social. Au cas où le dossier serait jugé suffisamment solide, il serait ensuite transmis à l'OMC qui déciderait de retenir ou non l'accusation de « dumping social » pour autoriser l'imposition de droits antidumping à l'encontre du pays incriminé.

Une question difficile se pose d'emblée : dans quelle mesure peut-on parler de déloyauté des échanges due au dumping social ? Les auteurs suggèrent d'inclure dans la définition du dumping social le travail des enfants, le travail forcé ou la violation substantielle des droits des travailleurs, mais pas les salaires plus bas. En effet, cette dernière considération conduirait à se demander combien un emploi dans un pays riche vaut d'emplois dans des pays pauvres, ce qui ouvrirait une véritable boîte de Pandore.

Peut-on y arriver ?

Il y avait accord dans la commission sur les effets dévastateurs de la perte d'emploi et de statut sur les populations en difficulté et sur la nécessité de réfléchir à la notion d'emplois de qualité en général. La question était de savoir si on pouvait rendre opérationnelles ces recommandations théoriques. Bien que l'approche consistant à promouvoir les emplois (si possible de qualité) soit théoriquement solide, sa mise en œuvre nécessite clairement d'aplanir certaines difficultés. Les approches directes, telles que la taxation réduite du travail ou de meilleures politiques actives du marché du travail, constituent des mesures non ciblées, à l'instar de toute une série d'autres mesures de politique publique (crédit d'impôt recherche, bonus-malus, taxe carbone, ou principales mesures liées au Covid-19 tels le chômage partiel ou les prêts garantis par l'État, etc.). L'intérêt de telles mesures est qu'elles ne nécessitent pas d'informations précises sur les spécificités technologiques et financières de l'entreprise concernée. De ce fait, elles n'encouragent pas non plus le favoritisme, la recherche de contreparties ou d'autres abus du même genre. Mais ces mesures ont ceci de coûteux que leur absence de ciblage crée des effets d'aubaine pour les entreprises qui auraient été vertueuses (en conservant leurs effectifs, réduisant la pollution, etc.) même en l'absence d'incitation. À l'inverse, les politiques industrielles tentent d'exploiter les informations fines pour favoriser les entreprises, industries et technologies pour lesquelles l'incitation aura le plus d'impact. Un « critère d'additionalité » (déjà abordé dans le contexte du changement climatique) est souvent introduit pour éviter tout effet d'aubaine, la condition étant que le bénéficiaire n'ait pas mis en œuvre la mesure proposée en l'absence d'incitation.

Les interventions plus ciblées de la politique industrielle sont donc limitées par la double nécessité de disposer d'informations fines et de concevoir une gouvernance garantissant l'intégrité dans la procédure d'attribution. Si on se concentre sur la question de l'inflexion des innovations et de l'adoption des technologies, cela suppose d'obtenir des réponses à un certain nombre de questions, telles que : les technologies favorisent-elles ou remplacent-elles l'emploi (une question difficile en général, car il faut tenir compte de l'impact du financement des subventions ; il est peut-être plus aisé de faire des comparaisons : à subvention donnée, la rénovation thermique est plus gourmande en main-d'œuvre que l'installation de parcs éoliens) ? ; dans le cas où les technologies détruisent des emplois dans l'entreprise où elles sont introduites, la hausse de productivité obtenue est-elle susceptible de réduire les coûts dans d'autres entreprises en aval, ce qui les incite à se développer et à créer elles-mêmes des emplois ? ; les projets satisfont-ils au critère d'additionalité (ce qui exige d'envisager le contrefactuel et apparaît complexe, comme le montre, par exemple, l'expérience du Mécanisme de développement propre du Protocole de Kyoto) ?

Dans le cas particulier des emplois de qualité, il faut aussi fournir une définition opérationnelle du concept. L'enquête réalisée par la commission nous a appris ce que les travailleurs entendent par des « emplois de qualité ». Les notions de « responsabilités », d'« avancement », d'« environnement de travail acceptable », de « qualité des prestations offertes » ne sont pas faciles à apprécier ni à quantifier, et certaines peuvent être manipulées par les employeurs via la requalification des postes. La « progression des salaires » est plus aisée à mesurer mais, si elle conditionne l'octroi de subventions, elle peut conduire à davantage concentrer les salaires sur les effectifs en fin de contrat ou de carrière (*wage backloading*), ce qui désavantage les derniers arrivés (faiblesse du salaire proposé, mobilité inter-entreprises réduite). La notion de « durée d'emploi raisonnablement longue » est sujette à une interprétation relative (elle dépend des emplois et des secteurs). On peut espérer que les recherches futures définissent plus précisément les contours de ces notions et la façon de les mesurer, et qu'elles en pondèrent également les différentes caractéristiques : dans la mesure où la plupart des emplois n'offrent pas tous les attributs précités, des compromis doivent être envisagés. Un emploi chez McDonald's ne coche sans doute pas toutes les cases, mais offre plus de chances de promotion que d'autres.

L'expertise et l'intégrité vont de pair avec le choix de la gouvernance des agences publiques chargées de la politique industrielle. Ici encore, on se doit de procéder à une comparaison de la pratique de l'administration française avec les meilleures pratiques internationales (la DARPA américaine, par exemple, voir notre discussion sur le changement climatique). Ces agences doivent être dirigées par des managers qui rendent des comptes sur leurs performances, jouissent d'une grande latitude et sont préservés des ingérences politiques ; ils doivent faire preuve d'agilité, définir plutôt des résultats à atteindre que les chemins pour y parvenir, éviter le saupoudrage et être capables d'interrompre des projets qui ne répondent pas aux objectifs (ce qui ne caractérise pas toujours lesdites agences en France). Ces managers doivent également impliquer le secteur privé et exiger des comptes des bénéficiaires de fonds publics lorsqu'ils ne tiennent pas leurs promesses sur le front de l'emploi. La transparence, bien que souhaitable, est un rempart bien insuffisant contre l'arbitraire, puisque les citoyens n'ont aucune information sur les choix qui sont faits et, surtout, aucun intérêt personnel à se plonger dans les détails de tels choix.

Certains membres de la commission ont pointé que, même si de telles mesures sont prises et donnent des résultats, de nombreux emplois ne sont pas facilement convertibles en « emplois de qualité », ce qui conduit à se demander ce que l'on peut faire de ces emplois perçus, à tort ou à raison, comme « de mauvaise qualité ». D'autres pistes, telles qu'une meilleure compensation financière (comme pour les métiers de soins aux personnes âgées), doivent ici être explorées. Dans ce contexte, il est une question qui n'a pas été reprise dans le Chapitre II du Rapport mais qui est souvent débattue, celle de la possible introduction d'un revenu universel ou revenu de base. Nous (les deux rapporteurs) ne soutenons pas la création d'un tel revenu. Notre raisonnement est simple. Nous estimons qu'il y a suffisamment d'emplois potentiels pour tous, avec ou sans qualification. Il peut néanmoins arriver que ces emplois aient une productivité faible et soient donc proposés par les entreprises uniquement si le salaire qu'elles ont à verser est suffisamment faible. De fait, il peut arriver que ce salaire soit inférieur à ce que l'on considère comme un salaire minimum décent. Nous pensons que la solution préférable dans ce cas est d'associer salaire minimum faible et impôt sur le revenu négatif (connu en France sous le nom de « prime d'activité »). La combinaison des deux est essentielle. Un salaire minimum relativement faible rend l'existence de tels emplois possible ; l'impôt sur le revenu négatif garantit aux travailleurs un revenu décent. Dans cette optique, l'instauration d'un revenu universel n'est donc pas nécessaire.

Enfin, l'approche multilatérale consistant à définir et à traiter le phénomène du dumping social implique plus largement de pouvoir s'entendre sur des normes de travail. Les contours de telles normes demandent plus ample réflexion. Bien que nous privilégiions une approche multilatérale, celle-ci présente aussi des points faibles. Même si les préoccupations quant aux effets de la mondialisation sur les emplois de qualité rassemblent de nombreux pays, l'introduction de normes du travail opposables dans les accords commerciaux peut ne pas faire consensus, pour de bonnes raisons (la difficulté de caractériser le dumping social) ou de mauvaises raisons (le « chacun pour soi »). La réticence à emprunter cette voie peut ne pas être le fait uniquement des États-Unis ou de la Chine : la France a montré plus d'empressement à ratifier les différentes réglementations de l'OIT (Organisation internationale du travail) que tout autre pays à l'exception de l'Espagne. Autre question associée : le marché unique. Celui-ci nécessitant le consensus des États membres, imposer des contraintes aux entreprises françaises est susceptible de représenter un risque pour l'emploi si d'autres États membres s'opposent à la politique commerciale mise en œuvre.

Pour résumer, la redistribution avant et après-production est essentielle, en particulier pour l'éducation et la formation professionnelle. Mais elle a ses limites et il convient d'étudier si la production et le commerce international peuvent être organisés différemment. Il est tout à fait probable que les mutations technologiques et la mondialisation continueront d'exacerber les inégalités et de faire baisser le nombre d'emplois moyennement qualifiés. Nous pensons qu'il est essentiel d'ouvrir la discussion en mettant des idées sur la table. Nous avons conscience que ces idées ne sont pas prêtes à l'usage, mais nous espérons qu'elles conduiront à explorer différentes pistes et à adopter de nouveaux outils de politique publique.

Chapitre 5

Face au changement démographique[1]

Comme en matière d'inégalités, les défis démographiques sont multidimensionnels. Nous avons donc dû de nouveau nous limiter et faire des choix. Nous avons décidé de faire porter les travaux de la commission sur deux dimensions. La première, qui est certainement la plus importante, concerne les conséquences du vieillissement de la population et ses interactions avec la santé. La seconde est l'immigration ou, plus précisément, l'intégration de la population immigrée sur le marché du travail. Nous sommes conscients que de nombreux autres choix étaient possibles : nous aurions pu par exemple nous demander si les évolutions démographiques jouent un rôle important dans la faiblesse des taux d'intérêt et, par conséquent, nous interroger sur ce que nous réserve l'avenir à cet égard, ou encore nous intéresser aux liens plus généraux entre démographie et croissance[2]. La seule excuse que nous pouvons

1. Ce chapitre correspond au Chapitre III du Rapport, rédigé par Axel Börsch-Supan, Claudia Diehl et Carol Propper.

2. Nous n'avons pas étendu notre analyse pour examiner la thèse plus générale, qui remonte au moins à Alfred Sauvy, selon laquelle des sociétés vieillissantes perdraient en dynamisme dans de

invoquer pour l'absence de couverture de ces sujets était la nécessité de restreindre notre champ d'étude.

Le vieillissement de la population française est trop souvent perçu comme une mauvaise nouvelle. Pourtant, il s'explique principalement par une réussite majeure de notre société, à savoir un allongement constant de l'espérance de vie, accompagné d'une amélioration de la qualité de vie des personnes âgées. Le vieillissement est donc fondamentalement une bonne nouvelle. Il implique cependant des ajustements dans la manière dont la vie est organisée, en premier lieu le maintien d'un juste équilibre entre travail et retraite. Pour les pays qui, comme la France, sont dotés d'un système de retraite par répartition, l'allongement de l'espérance de vie impose ou bien de réduire les prestations de retraite (les pensions), ou d'augmenter les cotisations, ou bien encore de relever l'âge de la retraite[1]. Il n'y a pas d'autre éventualité.

Les prélèvements sociaux dans leur ensemble étant déjà très élevés en France, nous considérons que

nombreux domaines, économique, sociologique et politique. Bien que peu de travaux économiques aient été consacrés à cette thèse, la recherche macroéconomique n'a pas constaté de corrélation solide entre croissance de la productivité et démographie. Le lecteur peut par exemple se reporter à D. Acemoglu et P. Restrepo (2017), « Secular Stagnation ? The Effects of Aging on Economic Growth in an Age of Automation », American Economic Review *P&P*, 107(5), p. 174-179.

1. À de rares exceptions près, nous utilisons les expressions « âge de la retraite » et « âge de liquidation » de manière interchangeable. En réalité, ces deux termes ne sont pas synonymes dans le contexte français : du fait de divers dispositifs de retraite anticipée, l'âge de la retraite moyen est inférieur d'environ un an à l'âge auquel il est possible de demander à liquider ses droits.

l'ajustement doit revêtir la forme d'une hausse de l'âge effectif de départ en retraite conjuguée à une baisse relative du montant des prestations, étant entendu que le levier à privilégier doit dépendre des circonstances du moment. Cela suppose de repenser le système de retraite.

Cette réforme des retraites doit poursuivre quatre objectifs :

- elle doit unifier le système pour qu'il soit plus transparent et plus juste,
- elle doit ménager une marge de souplesse individuelle pour permettre à chacun d'arbitrer entre âge et montant de la retraite,
- elle doit tenir compte des fortes disparités entre actifs sur les plans du parcours de vie et de l'espérance de vie,
- enfin, elle doit être suffisamment souple pour garantir l'équilibre financier du système aujourd'hui et à l'avenir face aux évolutions macroéconomiques et démographiques, en ajustant le curseur entre âge de la retraite et montant des prestations dans le respect des préférences de la société.

Cette réforme ne doit pas se résumer à une série de modifications techniques des paramètres du système de retraite. Comme dans le cas des inégalités et du climat qui font l'objet des Chapitres I et II du Rapport, et dans la mesure où les évolutions démographiques supposent un allongement de la vie active, l'approche adoptée doit être globale (constat qui revient comme un fil rouge dans les trois chapitres thématiques du Rapport) : elle doit reposer sur un large éventail de mesures encourageant les entreprises à maintenir les seniors dans l'emploi et donnant à ces derniers l'envie de travailler plus longtemps. Cela passe notamment par des changements dans l'organisation des entreprises et dans la manière dont elles gèrent leurs ressources humaines, ainsi que par un renforcement de la formation professionnelle des travailleurs en milieu de carrière et des seniors ; cela passe aussi par la prévention et le traitement des maladies chroniques.

Pour donner un aperçu de nos conclusions :

• nous partageons l'idée – défendue dans le Rapport Delevoye et dans le projet de réforme présenté dans son sillage – qu'il est indispensable de commencer par rationaliser le système existant. Une fois cette tâche accomplie, différentes pistes peuvent être suivies pour introduire de la souplesse, tenir compte des différences en termes de carrière et d'espérance de vie, et atteindre les objectifs précités ;

• par souci de pragmatisme, nous préconisons un ensemble de mesures qui constituent une version améliorée de celles proposées dans le projet de réforme. Notre proposition envisage un système par points lisible ; une borne inférieure pour l'âge à partir duquel une personne peut demander la liquidation de ses droits ; une majoration des droits neutre sur le plan actuariel pour les actifs qui préfèrent prendre leur retraite au-delà de l'âge minimal de départ ; un mécanisme d'ajustement du nombre de points en faveur des actifs à faibles revenus pour leur permettre de percevoir une retraite décente même s'ils partent à l'âge minimal de départ. Nous avons la conviction qu'une telle réforme, accompagnée de mesures destinées à accroître la demande de main-d'œuvre des entreprises et la volonté et capacité des seniors de travailler plus longtemps, est de nature à permettre au système de s'adapter avec justice et sans brutalité aux évolutions démographiques ;

• nous aurions pu adopter un angle d'analyse plus large et nous intéresser au taux d'activité de toutes les classes d'âge plutôt que de nous limiter à celui des seniors. Une augmentation générale du taux d'emploi permettrait d'élargir l'assiette des cotisations sociales et contribuerait à la soutenabilité du système des retraites. Un recul du taux de chômage moyen, élevé en France, constituerait déjà un premier pas. Nous avons décidé de ne pas nous attacher aux causes de ce taux d'emploi faible et ce niveau de chômage élevé et aux mesures qui devraient être prises parce qu'un autre rapport aurait alors été nécessaire. Nous avons néanmoins choisi de nous pencher sur une caractéristique du marché du travail, en l'occurrence le faible taux de participation au marché du travail de la population immigrée. Une meilleure intégration est indispensable pour de multiples raisons, et il s'agit selon nous d'un enjeu majeur. Nous proposons plusieurs mesures, dont aucune n'est réellement nouvelle mais qui sont vraisemblablement toutes nécessaires pour améliorer cette intégration.

FAITS ET REPRÉSENTATIONS

La France vieillit. Le taux de dépendance démographique[1], défini comme le rapport du nombre des plus de 65 ans à celui des personnes âgées de 15 à 64 ans, s'établit à 33 % en 2020 et devrait connaître une hausse constante jusqu'à atteindre 45 % en 2040. La bonne nouvelle est que cette situation s'explique davantage par un allongement de l'espérance de vie et par un renflement temporaire de la pyramide des âges dû au vieillissement de la génération du baby-boom que par une chute de la fécondité. En France, à 1,9, le taux de fécondité reste proche du seuil de renouvellement[2].

Les dépenses publiques de retraite sont élevées, s'établissant à 15 % du PIB selon la définition de l'Union européenne, contre 12 % en Allemagne. L'Italie, seul pays de l'Union européenne où ce pourcentage est plus élevé, à 15,6 % du PIB, a une population beaucoup plus âgée. Le système de retraite français est plus généreux[3] que celui de pays comparables tels

1. Plus tard, nous utiliserons aussi un autre taux, le taux de dépendance du système de retraite, dont le critère est le statut de retraité plutôt que l'âge.

2. Le taux de fécondité diminue légèrement depuis 2014. Il est trop tôt pour se prononcer sur le caractère temporaire ou permanent de cette baisse.

3. Une autre façon de voir les choses est que le système correspond à un choix de niveau d'assurance plus élevé qu'ailleurs, tant du point de vue de la durée de retraite que du niveau relatif de pension, ce qui se traduit par des prélèvements plus élevés.

que l'Espagne, l'Italie ou l'Allemagne. Les prestations étant généreuses et les départs en retraite précoces par rapport à ce qui est observé ailleurs, le taux de cotisation moyen (prélèvement salarial et patronal) destiné à financer les retraites est élevé, s'établissant à 27,5 % des revenus, voire à un niveau supérieur pour les hauts revenus. Proche de l'équilibre, le système n'accusait qu'un léger déficit en 2019 (le déficit était nettement plus élevé en 2020 et 2021 en raison de la pandémie de Covid-19).

Autrefois, nous aurions eu à nous demander s'il était souhaitable que le système crée un fonds bien doté et rompe avec le financement par répartition au profit d'un financement par capitalisation partielle. À l'époque, l'argument avancé était que ce type de fonds stimulerait l'épargne nationale et, partant de là, l'accumulation de capital et la production future. Ce débat avait un sens lorsque l'épargne était jugée trop faible. Il ne se justifie cependant plus aujourd'hui, dans un contexte de faiblesse des taux d'intérêt réels traduisant l'apparition d'un excès d'épargne par rapport à l'investissement. Toute épargne supplémentaire se solderait par des taux d'intérêt d'équilibre encore plus bas, ce qui, dans l'hypothèse où la politique monétaire ne pourrait pas appliquer des taux aussi bas en raison du plancher constitué par des taux nominaux nuls, conduirait à une baisse de la demande totale et à une hausse du chômage. De surcroît, le passage à un système financé par capitalisation imposerait une « double peine » à la génération actuelle d'actifs, contrainte de financer à la fois les retraites de ses aînés, en l'occurrence des personnes particulièrement nombreuses nées pendant le baby-boom, et une partie de sa propre retraite. La transition serait donc coûteuse pour une génération déjà confrontée à une plus grande précarité de l'emploi que celles qui l'ont précédée (en raison des suites de la crise du Covid-19 à court terme et de la révolution de l'intelligence artificielle et des robots à moyen terme). Cette discussion n'est donc pas à l'ordre du jour.

Nous devons toutefois nous interroger sur la question de savoir si le système va rester à l'équilibre à l'avenir ou si cet équilibre ne peut être garanti que par une réforme structurelle. Il est indiscutable que les réformes passées ont sensiblement amélioré ses perspectives financières. Dans son rapport de novembre 2020, le Conseil d'orientation des retraites (COR) estime que la part des dépenses de retraite dans le PIB va décroître lentement au fil du temps. Si l'on retient sa méthodologie (qui aboutit à une estimation légèrement plus basse des dépenses en pourcentage du PIB que celle fondée sur la définition de l'Union européenne citée précédemment) et son hypothèse de croissance de productivité la plus pessimiste (1 %), les dépenses diminueront lentement, passant de 13,6 % en 2019 à 13,4 % en 2070, malgré une hausse de 37 % du taux de dépendance démographique (défini ici comme le rapport des personnes de 60 ans et plus à celles de 20 à 59 ans).

Il existe toutefois deux raisons de penser que cette prévision est trop optimiste.

Premièrement, même le scénario de croissance de la productivité le plus pessimiste du COR (1 % par an) pourrait se révéler trop optimiste. Ces quinze dernières années, la croissance de la productivité n'a pas dépassé 0,7 %[1]. Or, cette croissance est un facteur important parce que dans le système actuel, les recettes augmentent au rythme de la progression des salaires, tandis que les dépenses suivent l'inflation des prix. Plus le taux de productivité est élevé, plus l'écart entre l'inflation des salaires et celle des prix est grand et plus le solde financier du système est favorable. À l'inverse, plus la croissance de la productivité est faible, plus le solde financier du système se dégrade. Cette dépendance du solde financier du système à l'égard d'un indicateur aussi difficile à prévoir que la croissance de la productivité à court et moyen terme n'est pas souhaitable. Notre proposition élimine cette dépendance et l'incertitude qui va avec en indexant les prestations sur la croissance des salaires (cet aspect sera développé ultérieurement).

La deuxième raison est liée à la première. Dans les simulations du COR, le maintien de l'équilibre est lié au rôle de l'indexation sur les prix dans le calcul de la pension de retraite initiale et dans l'évolution des prestations qui suivent, rôle qui induit une baisse de la pension moyenne par rapport aux salaires. Dans les simulations, la forte hausse du taux de dépendance (qui n'est modérée que par une légère augmentation de l'âge moyen de la retraite) est compensée par ce

1. Il est particulièrement difficile de faire des projections de croissance de la productivité. Il est bon de ne pas oublier que la corrélation entre les taux de croissance de la productivité de décennies voisines est comprise entre 0,1 et 0,3 environ. Voir W. Easterly, M. Kremer, L. Pritchett et L. Summers (1993) « *Good Policy or Good Luck ? Country Growth Performance and Temporary Shocks* », *NBER Working Paper* n° 4474.

mécanisme qui implique une forte baisse des pensions rapportées aux salaires. D'après les simulations du COR, et dans l'hypothèse d'un taux de croissance annuel de la productivité de 1 %, ce rapport diminuerait de 20 % à l'horizon 2070. Même si on peut vouloir réduire légèrement le rapport entre le revenu moyen des retraités et celui des actifs (un rapport élevé en France), ce chiffre constitue un ajustement trop mécanique et de trop grande ampleur. Aspect peut-être plus important encore, il est probablement intenable politiquement parce qu'il signifie que les retraités très âgés se rapprocheront dangereusement du seuil de pauvreté.

Si on se tourne vers le taux d'emploi des seniors en France, les chiffres sont frappants. Au sein de la population âgée de 55 à 64 ans, ce taux s'établit à 56,2 %, contre une moyenne européenne de 66,6 %, et l'écart s'explique essentiellement par le taux d'emploi des 60-64 ans.

Contrairement à une idée répandue, rien ne prouve qu'une baisse de la productivité justifierait un départ à ce point précoce en retraite. Des études portant sur les secteurs de l'automobile et de l'assurance laissent penser que la productivité ne diminue pas avec l'âge avant 65 ans. En moyenne, l'espérance de vie en bonne santé à 65 ans est de dix ans. Les maladies chroniques constituent toutefois un problème pour certains : 20 % des personnes âgées de 60 à 64 ans souffrent d'au moins deux maladies chroniques, et les disparités selon le revenu et le niveau d'études sont fortes. Ces maladies sont lourdes de conséquences sur le taux d'activité : les personnes de 50 à 64 ans qui souffrent d'une maladie chronique ont 3 fois plus de risques d'être sans emploi, 2 fois plus d'être à la retraite et 1,5 fois plus d'être au chômage.

Ces fortes disparités concernent également l'espérance de vie en général. Celle-ci varie selon le genre, le niveau d'études, le revenu, le patrimoine, l'hygiène de vie, les conditions de travail, l'environnement et la génétique. La différence d'espérance de vie selon le revenu par exemple est l'une des statistiques édifiantes de notre rapport (le revenu n'est pas nécessairement la cause de la différence, mais il est dans une large mesure un indicateur indirect observable des facteurs à l'origine de la différence, comme le type d'emploi, etc.). À 62 ans, un homme situé dans le décile de revenu inférieur a 19,5 ans d'espérance de vie, contre 26 pour un homme appartenant au décile supérieur. Autrement dit, si ces deux hommes prennent leur retraite au même âge, l'un peut s'attendre à vivre 6,5 années de moins que l'autre. La différence selon le niveau de revenu est légèrement moins forte parmi les femmes, mais elle reste importante, puisqu'elle est de 5 ans entre le décile inférieur et le décile supérieur.

APPROCHE GLOBALE

Commençons par la réforme du système de retraite. L'architecture d'un système de retraite est toujours complexe dans le détail. Le lecteur est invité à se reporter à la section 2 (point 2) du Chapitre III du Rapport consacrée à cette question pour une description plus précise et une présentation plus complète des solutions envisageables et de leurs liens avec le projet de réforme présenté par le gouvernement en janvier 2020. Dans les paragraphes qui suivent, nous cherchons plutôt à donner une idée des choix que nous recommandons de faire, et de ce qui les justifie.

Rompre avec l'indexation sur les prix au profit d'une indexation sur les salaires corrigée d'un facteur d'ajustement démographique

Tout système de retraite par répartition doit affronter différents chocs. Les uns sont transitoires (c'est par exemple le cas de la crise financière ou de la crise du Covid-19 ou encore des conséquences de la fin du baby-boom), les autres s'inscrivent dans la durée (l'allongement de l'espérance de vie, l'apparition de l'intelligence artificielle et des robots et ses conséquences pour le marché du travail). Aucun système n'est en mesure de résister sans s'adapter à tous ces chocs. L'empilement de réformes n'est cependant pas non plus la voie à suivre. Une forme d'ajustement automatique est donc nécessaire pour garantir une certaine pérennité du système.

Or les risques macroéconomiques et démographiques doivent être supportés par quelqu'un, soit par les retraités *via* un ajustement de leurs prestations, soit par les actifs *via* une hausse des cotisations ou un allongement de la durée de la vie active, soit par ces deux groupes. C'est une réalité à laquelle on ne peut échapper[1]. Comme nous l'avons vu, le système actuel prévoit que l'ajustement se fasse principalement au moyen d'une baisse des pensions relativement aux salaires due au différentiel entre l'inflation des salaires et l'inflation des prix, différentiel qui dépend lui-même principalement de la croissance de la productivité du travail.

Il existe cependant une meilleure solution. Nous sommes d'accord sur l'idée que le taux de cotisation, déjà très élevé, ne peut pas être augmenté et que la quasi-intégralité de l'ajustement doit se faire à la fois par les prestations et par l'âge de la retraite. Nous considérons cependant que l'indexation des prestations sur l'inflation des prix plutôt que sur l'inflation des salaires n'est pas un instrument adapté pour procéder à cet ajustement. Ce mode d'indexation a certes permis de ralentir la croissance des prestations, mais il présente trois faiblesses :

- premièrement, ainsi que nous l'avons vu, les salaires augmentent en général plus vite que les prix sous l'effet des gains de productivité ; les prestations diminuent alors continûment par rapport aux salaires, ce qui risque de devenir politiquement inacceptable ;

1. Il existe une autre possibilité, qui consiste à accepter que le budget du système soit déficitaire et que le déficit soit comblé par le budget général de l'État, c'est-à-dire, in fine, par les contribuables ou futurs contribuables. Bien que la faiblesse des taux d'intérêt réels soulève des questions plus générales concernant la marge de financement du budget global de l'État par l'endettement, nous supposons ici que le système de retraite reste à l'équilibre et que la question du financement par l'endettement concerne le reste du budget.

• deuxièmement, l'indexation sur les prix crée une dépendance trop forte de l'équilibre du régime à l'égard de la croissance de la productivité, qui se trouve être une variable dont l'évolution est extrêmement incertaine ;

• troisièmement, l'indexation sur les prix crée une sensibilité des prestations à la trajectoire du revenu d'activité individuel perçu au cours de la carrière. Comparativement à l'indexation sur les salaires, elle pénalise les revenus perçus en début de carrière par rapport à ceux perçus ultérieurement, ce qui est difficilement justifiable.

Nous préconisons donc de recommencer à indexer à la fois l'accumulation des droits avant retraite et les pensions après liquidation sur les salaires – avec une correction par un facteur de dépendance comme décrit plus loin – de manière à garantir l'équilibre financier du système grâce à des ajustements plus transparents, plus prévisibles et plus justes.

Pour décrire l'architecture du système que nous proposons, nous commençons par examiner ses caractéristiques du point de vue d'un travailleur individuel, puis nous en revenons à la meilleure manière d'équilibrer le système dans son ensemble.

Un système par points

Nous proposons un système par points qui se caractérise par sa simplicité (abstraction faite des ajustements importants que nous proposons pour tenir compte de situations particulières) et par sa transparence :

• au cours de leur vie active, les travailleurs se voient attribuer des points, par exemple 100 points si leur salaire est égal au salaire moyen qui a cours au même moment, 200 points s'il est égal à deux fois le salaire moyen, et ainsi de suite. Si certaines conditions sont réunies, des points peuvent être attribués au titre de périodes non travaillées (comme c'est déjà le cas actuellement au titre de la maternité, de la prise en charge de proches ou du chômage). Calculer le nombre de points sous la forme d'un pourcentage du salaire moyen permet aux revenus perçus en début de carrière d'avoir la même valeur que ceux perçus plus tard : à titre d'exemple, être rémunéré à raison du salaire moyen aujourd'hui et l'avoir été il y a dix ans permet d'acquérir les mêmes droits à pension ;

• les points sont portés au crédit d'un compte individuel de retraite pendant toute la durée de la carrière jusqu'à la date de demande de liquidation de la retraite ;

• au moment de la liquidation, les points acquis sont convertis en une pension de retraite initiale proportionnelle à la pension moyenne qui a cours la même année (comme décrit ci-dessous, les actifs faiblement rémunérés bénéficient de « points gratuits » au moment du calcul de cette pension initiale). Un point correspond à un certain montant en euros (la « valeur de service ») chaque année. La valeur de service est ajustée annuellement pour tous les retraités en fonction de la hausse des salaires et des changements démographiques, comme décrit ci-dessous. Ainsi, une personne qui a validé 1,2 fois le nombre moyen de points acquis par l'ensemble des retraités au cours de l'année percevra 1,2 fois cette pension moyenne. En outre, chaque année, la valeur de service du point sera la même pour tous les retraités, qu'ils soient âgés de 62 ou de 83 ans ;

• il est possible de cumuler une pension de retraite et un revenu d'activité après la liquidation des droits : une personne en bonne santé qui a encore envie de travailler peut apporter sa contribution à la société en restant dans la vie active.

Une marge de choix individuel

Le Rapport propose d'offrir une marge de choix individuel tout en gardant un âge minimal de la retraite :

L'âge minimal de départ en retraite ou d'ouverture des droits correspond à la date à compter de laquelle un actif peut demander la liquidation de sa pension. Il est le même pour tous les actifs (voir cependant la discussion sur la pénibilité *infra*).

Les personnes qui continuent de travailler au-delà de cet âge et attendent pour demander la liquidation de leurs droits continuent d'acquérir des points au titre de ces années de travail supplémentaires. La valeur de ces points fait l'objet d'un ajustement globalement neutre sur le plan actuariel, reflétant les observations que : (1) ces personnes n'entraînent pas de dépenses pour le régime de retraite pendant ce temps et que (2) le nombre d'années au cours desquelles ils toucheront une pension diminue d'autant[1]. Par « globalement

1. La commission n'a pas discuté de l'opportunité de calculer cette neutralité actuarielle au niveau du seul système de retraite ou de l'ensemble des finances publiques ; par simplicité nous faisons la première hypothèse.

neutre sur le plan actuariel », nous voulons dire que le report de la date de liquidation est une opération qui implique un solde inchangé en moyenne, à la fois de ce que ça coûte au système, et, symétriquement, de ce que reçoit le travailleur.

Faut-il fixer un âge maximal de départ ? Dès lors que l'employeur et le salarié sont l'un et l'autre d'accord pour que la relation d'emploi se poursuive, il ne semble guère justifié d'imposer un âge maximal. Il peut cependant être nécessaire de procéder à des modifications dans la nature de la législation sur la protection de l'emploi et des contrats de travail au-delà de l'âge minimal de départ.

Une reconnaissance des différences individuelles

Un système de retraite juste est un système qui reconnaît que les travailleurs diffèrent les uns des autres à bien des égards. Certains ont une carrière irrégulière, d'autres ont exercé des métiers pénibles. D'autres encore ont occupé des emplois mal rémunérés et ont acquis relativement peu de points, risquant ainsi de basculer dans la pauvreté en vieillissant. Enfin, certains actifs, à un âge de retraite donné, ont une espérance de vie plus courte. Toute la question est de savoir comment tenir compte de ces différences d'une manière qui soit transparente et juste et qui évite les abus.

Les scénarios les plus simples concernent les actifs qui ont eu une carrière irrégulière ou ont, de manière générale, perçu un faible revenu pendant l'ensemble de leur vie active (et ont ainsi acquis moins de points que les autres). Comme le système actuel, celui que nous envisageons peut tenir compte des périodes de chômage ou de maternité à travers la validation de points supplémentaires. De plus, dans la mesure où la société souhaite que le système de retraite soit progressif, il est possible de prévoir l'octroi de points supplémentaires aux actifs qui ont perçu un revenu relativement faible.

Le système actuel prévoit un « minimum retraite », appelé minimum contributif (à ne pas confondre avec l'allocation de solidarité aux personnes âgées, ASPA, qui est une prestation sociale sous condition de ressources du foyer fiscal). Nous proposons d'adopter un mécanisme qui incite plus les actifs qui ont accumulé peu de points à en acquérir d'autres. Dans le système actuel, les personnes appartenant aux deux déciles de revenu inférieurs perçoivent l'ASPA ou le minimum contributif (ce qui permet à la France de figurer parmi les pays les mieux classés en termes de taux de pauvreté des personnes âgées). L'existence d'un seuil en-deçà duquel la pension ne dépend pas des cotisations passées introduit cependant une rupture regrettable. Les auteurs du Rapport plaident en faveur d'une approche qu'ils jugent meilleure (ou du moins complémentaire), consistant à valider des points supplémentaires au profit des personnes situées dans les quatre déciles inférieurs de la distribution des revenus, de telle manière que les prestations augmentent avec les cotisations (pour une durée de cotisation donnée), y compris pour les bas revenus (comme c'est le cas dans certains autres pays).

Reste la question des différences d'espérance de vie. Les écarts en la matière ont de multiples causes : le revenu, le genre, le niveau d'études, la pénibilité, la génétique, l'hygiène de vie. Comme nous l'avons vu, certaines différences sont frappantes. Ainsi, un homme de 62 ans appartenant au décile de revenu le plus élevé peut espérer vivre 6,5 ans de plus qu'un homme du même âge appartenant au décile inférieur. Certaines variables corrélées à l'espérance de vie sont observables – c'est par exemple le cas du revenu et du genre –, mais d'autres ne le sont pas. Certaines, comme les facteurs génétiques, sont déterminées à l'avance, quand d'autres, comme les effets du tabagisme, sont affaire de comportement. Il reste à trouver la meilleure manière de prendre en compte ces facteurs, question sur laquelle aucun consensus ne s'est dégagé au sein de la commission.

Les auteurs du Rapport n'ont pas souhaité proposer d'autres ajustements que ceux que nous venons de décrire. Ils soulignent qu'étant donné la diversité des facteurs en jeu, observables et non observables, il est impossible de trouver un mécanisme d'ajustement équitable. Ils ajoutent qu'au vu de la corrélation entre le revenu et l'espérance de vie, les points supplémentaires accordés aux actifs faiblement rémunérés ou ayant eu un parcours professionnel heurté permettent déjà aux travailleurs situés au bas de l'échelle des revenus, et ayant par conséquent une espérance de vie plus courte, de liquider leurs droits plus tôt. Ils soulignent également que ces travailleurs sont souvent plus jeunes au moment d'entrer dans la vie active, si bien que par rapport à ceux qui suivent des études supérieures avant de commencer à travailler et qui accèdent a priori à un revenu plus élevé, ils ont acquis plus de points et bénéficient d'un taux de remplacement plus élevé au moment où ils atteignent l'âge minimal de la retraite.

Enfin, les auteurs insistent sur la nécessité de conserver le même âge minimal de la retraite pour tous. Ils font valoir que cet âge joue un rôle essentiel en tant que norme sociale et que fixer plusieurs âges minimaux différents compromettrait ce rôle (il s'agit d'une question compliquée dans un pays comme la France où, nous l'avons vu, l'âge de sortie du marché du travail est de fait inférieur à l'âge minimal de la retraite).

Certains membres de la commission voulaient cependant aller plus loin. Le revenu n'est certes pas le seul facteur qui influe sur l'espérance de vie et pourrait en réalité surtout être un indicateur indirect de l'influence d'autres facteurs, mais la corrélation est suffisamment forte pour qu'il soit justifié d'accorder aux actifs à faibles revenus davantage de points supplémentaires que ce qui est exposé ci-dessus, de telle manière que leur taux de remplacement à l'âge minimal de la retraite soit plus élevé. Certaines personnes pourraient avoir envie de prendre leur retraite avant l'âge minimal, quitte à ce que leur taux de remplacement soit plus faible. Il faudrait pour cela ou bien établir officiellement un lien entre l'âge minimal de la retraite et le décile de revenu, par exemple en permettant aux actifs appartenant aux quatre déciles inférieurs de la distribution de prendre leur retraite plus tôt moyennant une décote actuariellement neutre, ou bien conserver l'âge minimal de départ (qui devrait probablement être désigné par une autre appellation) mais permettre aux actifs à faibles revenus de demander la liquidation de leurs droits plus tôt, fût-ce au prix d'une forte décote[1].

Ces membres estiment également que, s'il était nécessaire que l'âge effectif moyen de la retraite augmente au fil du temps et si, par exemple, l'espérance de vie augmentait plus pour les personnes à revenu élevé, l'introduction d'ajustements différenciés de l'âge minimal de départ, tel un relèvement de cet âge applicable aux actifs aisés mais dont les travailleurs à faibles revenus seraient exemptés, pourrait offrir une marge de manœuvre supplémentaire pour l'adaptation du système à l'évolution de l'espérance de vie. Outre qu'un mécanisme de ce type serait sans doute plus juste, il permettrait que l'augmentation de l'âge moyen de la retraite soit politiquement plus facile à mettre en œuvre. Cette question doit être tranchée, mais elle ne l'a pas été par la commission.

La pénibilité

La question de la prise en compte des conditions de travail difficiles et de la pénibilité du travail est plus complexe. La pénibilité est réelle, mais elle est plus difficile à évaluer et à mesurer que l'existence d'épisodes de chômage par exemple, d'où un risque d'abus

1. Les deux sont, du point de vue économique, largement équivalents, mais peuvent être perçus différemment. Là encore, la question est de savoir s'il est important d'établir une norme sociale commune quant à l'âge minimal de la retraite, quitte à tolérer des exceptions.

plus important. Il nous paraît cependant y avoir une solution. Dans chaque secteur d'activité, les partenaires sociaux ont une connaissance des conditions de travail à un niveau décentralisé. Il est donc naturel de leur confier la responsabilité de trouver ensemble un accord sur les modalités de prise en compte de la « pénibilité » de certains emplois. Pour éviter que chaque secteur (ou entreprise) tente de faire financer la pénibilité par le système de retraite dans son ensemble, la commission propose que le surcoût engendré par les décisions prises au niveau sectoriel soit intégralement assumé par le secteur d'activité ou l'entreprise concernés.

Prenons à titre d'exemple le cas d'un travailleur qui devrait normalement prendre sa retraite à 62 ans. Il peut être décidé au niveau sectoriel (ou de l'entreprise) de le laisser partir à 55 ans parce qu'il a occupé un emploi pénible. Dans ce cas, le secteur d'activité devra prendre en charge les prestations qui lui sont versées et les cotisations de sécurité sociale manquantes jusqu'à ce qu'il atteigne 62 ans, âge à partir duquel il relèvera du régime général. Les détails de cette proposition doivent encore être affinés ; le financement de ce dispositif de retraite anticipé devra être garanti par un fonds de réserve entièrement provisionné pour empêcher que les engagements puissent être transférés au régime général en cas de défaillance de l'entreprise, ou si la taille du secteur d'activité concerné régresse au point que les quelques entreprises restantes doivent assumer une charge trop lourde. De même, pour éviter les mutualisations déresponsabilisantes, il faut que les entreprises aient la possibilité de déroger à l'accord sectoriel si elles le désirent, l'accord sectoriel n'étant qu'une option à leur disposition.

Globalement, faire en sorte que les entreprises et le secteur d'activité aient à assumer ce qu'ils imposent au reste de la société procède d'une bonne gestion des affaires publiques. Comme le note le Chapitre III du Rapport, l'expérience néerlandaise de responsabilisation des employeurs est intéressante à cet égard : le transfert des coûts de l'assurance-invalidité aux employeurs a entraîné une forte réduction du taux d'invalidité et une augmentation de l'emploi des travailleurs âgés.

La détermination de la valeur de service

S'agissant de l'équilibre financier, il importe d'abord de rappeler qu'il n'existe aucun moyen d'assurer les citoyens contre les chocs macroéconomiques et démographiques permanents. En revanche, une stabilisation est possible face à un choc transitoire (comme celui provoqué par le Covid-19).

À un certain niveau, l'équilibre du système est une simple question comptable. En partant d'un système à l'équilibre, pour un taux de cotisation donné et en l'absence de changement démographique, l'équilibre est maintenu à condition que le taux de croissance de la pension moyenne soit égal au taux de croissance du salaire moyen. En cas de changement démographique, la formule est un peu plus compliquée : le taux de croissance de la pension moyenne doit être égal au taux de croissance du salaire moyen moins la variation du taux de dépendance du système de retraite (qui rapporte les retraités aux actifs)[1] Le taux de dépendance du système dépend de l'âge effectif moyen de départ en retraite. Le Rapport recommande de décaler la fenêtre de départ à mesure que l'espérance de vie augmente. Il reste cependant à savoir de combien. Une règle simple consiste à répercuter les deux tiers de cette augmentation sous la forme d'un allongement de la vie active et le tiers restant sous la forme d'une augmentation de la durée de la retraite. Sa justification est la suivante : en supposant que l'allongement de l'espérance de vie soit le seul changement démographique, stabiliser le rapport entre la durée moyenne de la carrière et la durée moyenne de la retraite permettrait d'équilibrer le système de retraite.

Étant donné que la carrière compte 43 années et que la retraite dure approximativement 21 ans, soit un rapport d'environ 2 pour 1, trois ans de gain d'espérance de vie devraient être répartis entre un décalage de deux ans de la fenêtre de départ et un allongement d'une année de la période passée à la retraite Si une telle règle était utilisée, le taux de dépendance du

1. Au moment de la retraite, les points sont convertis en une prestation à la date t. La formule d'équilibrage globale s'écrit comme suit à la date t : $c_t\, w_t\, a_t = b_t\, r_t$, où c_t est le taux de cotisation (pour simplifier, nous considérons qu'il est identique pour tous ; dans le cas contraire, il faudrait retenir le taux de cotisation moyen pondéré), w_t le salaire moyen, a_t le nombre d'actifs, b_t la pension moyenne, r_t le nombre de retraités. Il s'ensuit qu'en supposant que le taux de cotisation reste constant au fil du temps, soit que $c_t = c$, la pension moyenne doit augmenter au même rythme que le salaire moyen moins la variation du taux de dépendance : $\frac{\dot{b}_t}{b_t} = \frac{\dot{w}_t}{w_t} - (\frac{\dot{r}_t}{r_t} - \frac{\dot{a}_t}{a_t})$

système resterait globalement constant et le taux de remplacement ne changerait quasiment pas. La valeur de service du point augmenterait alors pour tous les retraités au rythme de la croissance du salaire moyen.

La population pourrait cependant être favorable à des ajustements se traduisant à la fois par un relèvement moindre de l'âge de la retraite et par une diminution du taux de remplacement. C'est pourquoi les auteurs du Chapitre III du Rapport recommandent une approche plus souple, reflétant les préférences de la société, et examinent la forme que pourrait prendre la détermination de cette règle.

Création d'un fonds de réserve et d'une autorité indépendante

En cas de choc transitoire, qu'il s'agisse de fluctuations macroéconomiques ou du renflement de la pyramide des âges provoqué par le départ en retraite de la génération du baby-boom, ou du Covid-19, il est justifié d'autoriser des écarts par rapport à la règle, quelle qu'elle soit. La solution la plus évidente à cette fin consiste à créer et à gérer un fonds de réserve. Ce fonds pourrait être mis à contribution temporairement, en raison des évènements. Contrairement à certaines propositions faites par le passé, il n'aurait pas vocation à contribuer au financement du système de retraite de manière permanente. Pour éviter que les pouvoirs publics ne soient tentés de puiser de manière injustifiée dans ce fonds par opportunisme politique, il faudrait que sa gestion soit confiée à une autorité indépendante, qui pourrait aussi avoir pour mission de suivre l'évolution d'indicateurs démographiques et macroéconomiques et décaler la fenêtre de départ. La latitude laissée à cet organe indépendant devrait à l'évidence s'accompagner d'un contrôle. Si le montant de ce fonds de réserve devenait inférieur à un certain seuil, ce qui serait le signe d'un déséquilibre structurel, l'autorité indépendante serait contrainte à reconstituer le fonds en procédant à une série d'ajustements au niveau des prestations et de la fenêtre de départ, de manière à ce que le système reste viable.

Gestion de la transition

Comme le suggère le Rapport Delevoye, les auteurs du Rapport estiment que le passage d'un système comprenant trente-huit régimes à un système unique doit être progressif, mais plus rapide qu'il ne le serait si l'on autorisait l'ensemble des actifs d'aujourd'hui à continuer de relever de l'ancien système – la transition prendrait alors une génération. Nous jugeons raisonnable une transition sur quinze ans. Nous souscrivons aussi à l'idée que les personnes déjà en retraite ou proches de la retraite ne doivent pas voir leur situation modifiée. La commission estime en outre que la transition ne doit pas nécessairement se faire de la même manière dans le secteur public et dans le secteur privé, mais elle ne disposait pas des compétences suffisantes pour examiner les modalités de transition des régimes de la fonction publique.

ACCOMPAGNER LES POLITIQUES DU MARCHÉ DU TRAVAIL

La question de la qualité des emplois proposés aux seniors est tout aussi importante que celle des règles de départ en retraite dans le système de retraite, et cette question rejoint celle des « emplois de qualité », abordée dans le Rapport sur les inégalités.

Les enquêtes montrent que les salariés qui souhaitent continuer à travailler le font non seulement pour augmenter leur revenu, mais aussi pour garder le contact avec le monde du travail et se sentir utiles. Dans le même temps, les seniors recherchent souvent davantage de souplesse dans l'équilibre entre travail et vie privée ; c'est pourquoi il convient de revoir les modalités de temps partiel pour eux. Il s'agit donc clairement de porter l'effort d'amélioration sur plusieurs fronts.

Premièrement, la réforme des retraites doit assurer la neutralité actuarielle de l'ajustement des prestations lorsqu'un individu choisit de travailler plus longtemps, ce qui n'est pas le cas à l'heure actuelle, mais qui devrait l'être comme nous l'avons suggéré. L'augmentation plus importante de leur pension encouragerait les seniors à travailler plus longtemps.

Deuxièmement, il faut concentrer l'effort sur la formation tout au long de la vie professionnelle, autre sujet qui rejoint les questions abordées dans le chapitre sur les inégalités. Les niveaux de qualification sont plus faibles chez les seniors que chez les travailleurs plus jeunes du fait de l'ancienneté des études et du manque de remise à niveau. D'après une enquête de 2011, seuls 51 % des travailleurs en France avaient suivi une formation professionnelle après leur formation initiale contre 72 % pour la Suède par exemple.

Troisièmement, il est nécessaire de mieux prendre en charge les maladies chroniques, le plus important sans doute étant de changer l'image des travailleurs atteints de maladies chroniques et les offres d'emploi qui leur sont faites. L'objectif doit être de permettre à ces travailleurs de continuer à avoir une vie professionnelle, et non de les conduire à y renoncer (pour plusieurs maladies chroniques, ne plus travailler est souvent plus invalidant). L'examen des meilleures pratiques fondées sur des données internationales suggère que la stratégie pour améliorer la capacité des seniors à rester en bonne santé inclut trois types de mesures et d'interventions :

- en premier lieu, mettre en place des interventions sur le lieu de travail autour de la santé et du bien-être afin de promouvoir la santé et d'augmenter la capacité des seniors à travailler ;
- en deuxième lieu, proposer des aménagements aux seniors ayant des problèmes de santé pour les aider à rester au travail ;
- en troisième lieu, agir sur le système d'indemnisation du handicap pour s'assurer que les seniors souffrant de troubles fonctionnels soient maintenus dans les effectifs.

L'expérience de la Suède montre que ces réformes peuvent faire la différence. De plus, il peut en résulter des changements dans les normes et les représentations sociales.

Il est trop tard pour se préoccuper des maladies chroniques lorsque les travailleurs sont âgés car ces maladies commencent tôt. Ici, la préconisation générale est donc d'améliorer la prévention : le système actuel est trop axé sur les soins curatifs. Le Chapitre III du Rapport examine en détail les expériences étrangères et un certain nombre de réformes techniques potentielles du système de santé, comme le paiement à la performance ou fondé sur le coût espéré d'un épisode de soins plutôt qu'à l'acte, ou la mise en place d'un panier de soins préventifs défini d'avance et intégralement remboursé. La télémédecine, dont l'utilité a été démontrée durant la crise du Covid-19, a également son rôle à jouer. Elle peut contribuer à proposer de meilleurs services pour nombre de maladies chroniques, telles les maladies mentales ou la dépression, mais aussi à lutter contre les déserts médicaux.

IMMIGRATION ET PARTICIPATION AU MARCHÉ DU TRAVAIL

L'immigration, par sa nature et son importance, soulève de nombreuses questions d'ordre économique, social et politique, dont la plupart dépassent les compétences de notre commission. Nous avons décidé d'examiner plus particulièrement la participation des immigrés au marché du travail, une question qui a bien sûr une importance intrinsèque mais qui a également des implications sur l'équilibre financier du système de retraite.

Le taux d'emploi des immigrés en France est de 58,5 %, contre 66,4 % pour les personnes nées dans le pays. Les taux de chômage des immigrés et des personnes nées en France s'élèvent respectivement à 14,6 % et 8,3 %. Ces différences ne sont pas spécifiquement françaises : sur ces deux aspects, la France enregistre des résultats similaires à ceux de l'Allemagne et meilleurs que ceux de la Suède.

Les écarts s'expliquent en partie par la difficulté d'adaptation initiale. Le taux d'emploi au cours des cinq premières années suivant l'immigration s'élève à 41 % mais passe à 60 % après cinq ans. Comme toujours, les moyennes masquent une hétérogénéité en fonction du sexe et de l'origine. Par exemple, même lorsque les femmes immigrées non-européennes ont passé six à dix ans dans le pays, leur taux de participation est encore inférieur de 15 % à celui des femmes nées en France. Il est intéressant de constater que l'écart est en grande partie comblé pour les immigrés de la deuxième génération (les fils et filles d'immigrés). Toutefois, le taux de participation demeure inférieur pour les femmes d'origine non-européenne de la deuxième génération.

Cette situation s'explique par les facteurs suivants :

• pour les immigrés de la première génération, les compétences linguistiques jouent un rôle important, à l'instar du capital social. Il est intéressant de constater que les cours de langue favorisent la participation au marché du travail mais que cela s'explique davantage par une meilleure information sur le marché du travail que par l'acquisition des compétences linguistiques elles-mêmes ;

• les immigrés sont confrontés à des conditions difficiles sur le marché du travail. Bien que les véritables qualifications soient difficiles à évaluer, une étude a montré que 55 % des immigrés d'Afrique du Nord paraissent surqualifiés par rapport aux emplois qu'ils occupent, contre 39 % pour l'ensemble des immigrés et 20 % pour les personnes nées en France ;

• la discrimination joue un rôle. Des études ont montré que les candidats ayant un nom à consonance étrangère sont moins rappelés que les autres. La culture joue elle aussi un rôle. Seules 25 % des femmes turques ont un emploi et une large part de celles qui sont sans emploi n'en cherchent pas ;

• concernant les immigrés des deuxième et troisième générations, la ségrégation scolaire joue un rôle important et contribue à la transmission intergénérationnelle de faibles niveaux d'éducation. La part d'élèves issus de l'immigration est élevée dans les écoles défavorisées, de même que dans le groupe des élèves ayant un faible niveau de compétence en lecture.

Au vu de cette liste, il est évident qu'il n'existe pas de solution miracle. Trois voies doivent être explorées :

• *Elaborer des politiques plus cohérentes favorisant la reconnaissance des diplômes et l'acquisition de nouvelles compétences.* L'absence de reconnaissance (partielle) des diplômes étrangers est parfois due à des problèmes d'information des immigrés. Cette situation peut être améliorée. L'augmentation du nombre d'heures de cours de langue (qui est déjà passé à 400) serait une autre piste importante à explorer dans la mesure où les connaissances linguistiques ont un impact fort sur l'accès à l'emploi et l'intégration professionnelle. La mise en place de cours de langue à visée professionnelle et de dispositifs permettant aux femmes avec enfants de participer aux formations linguistiques a donné de bons résultats en Allemagne.

• *Lutter contre la transmission intergénérationnelle des faibles niveaux d'éducation.* La ségrégation scolaire est sensiblement plus forte que la ségrégation résidentielle. De nombreux programmes ont été mis en œuvre dans le passé pour y remédier, le plus récent reposant sur les « réseaux d'éducation prioritaire » (REP). Nous considérons que de plus gros efforts sont nécessaires, notamment la mise en œuvre de mesures incitatives en faveur d'une mixité accrue des enfants issus de milieux favorisés et de milieux défavorisés au sein des écoles publiques mais aussi privées. Les enfants issus de l'immigration bénéficieront plus particulièrement de ces mesures.

• *Mettre en évidence et réduire la discrimination.* En raison de la réticence à collecter des données sur les ascendants des salariés issus de l'immigration et en l'absence de financement d'enquêtes dédiées, les informations sur les effets de l'origine sur la situation sur le marché du travail sont limitées. Il existe toutefois des moyens d'améliorer nos connaissances en préservant l'anonymat et sans susciter d'inquiétude chez les personnes communiquant ces mations.

Annexes

LA COMMISSION

Rapporteurs

Olivier Blanchard, professeur émérite au Massachusetts Institute of Technology, Senior Fellow, Peterson Institute for International Economics

Jean Tirole, président honoraire de la Fondation Jean-Jacques Laffont/École d'économie deToulouse et de l'Institute for Advanced Study in Toulouse

Auteurs principaux

Chapitre I – Changement climatique

Christian Gollier, professeur et directeur général de l'École d'économie de Toulouse

Mar Reguant, professeure d'économie à l'université de Northwestern, Illinois

Chapitre II – Inégalités et insécurité économiques

Dani Rodrik, professeur d'économie politique internationale à la John F. Kennedy School of Government, université de Harvard

Stefanie Stantcheva, professeur d'économie à l'université de Harvard

Chapitre III – Changement démographique

Axel Börsch-Supan, directeur de l'Institut Max-Planck de droit social et de politque sociale, Munich et professeur d'économie à l'université technique de Munich

Claudia Diehl, professeure de sociologie à l'université de Constance

Carol Propper, professeur d'économie à l'Imperial College Business School, Londres

Membres

Philippe Aghion, professeur au Collège de France, INSEAD et London School of Economics

Richard Blundell, professeur d'économie à l'University College London

Laurence Boone, cheffe économiste à l'OCDE, cheffe du Département des affaires économiques

Valentina Bosetti, professeure d'économie à l'université Bocconi, Milan

Daniel Cohen, directeur du département d'économie à l'École normale supérieure, vice- président de l'École d'économie de Paris

Peter Diamond, professeur au Massachusetts Institute of Technology

Emmanuel Farhi, professeur d'économie à l'université de Harvard

Nicola Fuchs-Schündeln, professeure de macroéconomie et de développement à l'université Goethe de Francfort

Michael Greenstone, professeur d'économie, directeur du Becker Friedman Institute et de l'Energy Policy Institute à Chicago

Hilary Hoynes, professeure de politique publique et d'économie à l'université de Californie, Berkeley

Paul Krugman, professeur émérite d'économie au Graduate Center, université de New York

Thomas Philippon, professeur de finance à la Stern School of Business, université de New York

Jean Pisani-Ferry, professeur à l'Institut universitaire européen de Florence

Adam Posen, président du Peterson Institute for International Economics

Nick Stern, professeur d'économie et de gouvernement, président du Grantham Research Institute on Climate Change and the Environment et directeur de l'India Observatory à la London School of Economics

Lawrence Summers, professeur et président émérite à l'université de Harvard

Laura Tyson, professeure à la Graduate School de la Haas School for Business and Social Impact, université de Californie, Berkeley

TABLE DES MATIÈRES DU RAPPORT

Note de l'éditeur : les numéros de page renvoient au document publié en ligne par France Stratégie :
www.strategie.gouv.fr

LES TRAVAUX DE LA COMMISSION

Cette année 2021 et peut-être au-delà, le principal défi sera de gérer la pandémie de Covid-19 et ses conséquences. Sortir de la crise, faire face à la hausse du chômage et aux risques de faillite, favoriser la reprise économique ou encore gérer la dette publique et privée : ces questions font la une de l'actualité et sont au cœur des enjeux politiques.

Malgré toute l'importance de ce défi à court terme, les difficultés structurelles antérieures au Covid-19 sont toujours là et ont même souvent été aggravées par la pandémie. C'est pourquoi, lorsque au début 2020 le président Emmanuel Macron nous a demandé de présider une commission chargée de se pencher sur ces questions structurelles, en nous donnant l'assurance que nous aurions toute latitude pour choisir les membres de la commission et que nous pourrions exposer nos conclusions en toute indépendance, nous avons accepté cette mission avec enthousiasme.

En accord avec le président, nous avons choisi d'axer notre attention sur trois défis structurels à long terme : le changement climatique, les inégalités économiques et le défi démographique. Dans les trois cas, l'évolution technologique est un aspect central, constituant à la fois une partie du problème et une partie de la solution[1].

Composition

Nous avons formé une commission composée de vingt-quatre économistes et de deux rapporteurs, rôle que nous nous sommes attribué. L'un de ces membres, le professeur Emmanuel Farhi (université de Harvard), est hélas décédé le 23 juillet 2020, quelques heures seulement après avoir participé à l'une des sessions plénières de la commission. Ce rapport est dédié à la mémoire de cet homme et chercheur exceptionnel.

Nous avons choisi les membres avant tout pour leurs compétences en économie. Ils appartiennent à

1. Dans les trois domaines, nous avons essayé de voir au-delà de la pandémie de Covid-19 et nous nous sommes concentrés sur ce que nous pensons être des questions de plus long terme. Si la pandémie de Covid-19 devait durer plus longtemps, cela aurait bien évidemment des conséquences pour chacun des trois défis examinés dans ce rapport. Cela réduirait les marges budgétaires pouvant être consacrées à la lutte contre le réchauffement climatique ; cela renforcerait les inégalités déjà présentes avant la pandémie ; enfin il se pourrait même que cela modifie les dynamiques démographiques, avec des conséquences sur le système de retraite. Nous aurions pu ajouter quelques lignes en ce sens dans le chapitre introductif, mais nous avons considéré qu'il était trop tôt pour faire des suggestions.

des courants intellectuels et politiques très divers et se sont exprimés en toute liberté. Nous avons décidé de constituer une équipe composée uniquement d'économistes plutôt qu'une équipe plus large intégrant des chercheurs en sciences sociales et des acteurs de terrain. Les aspects économiques du monde de l'après Covid-19 constituent une brique essentielle de la réflexion globale à mener. Bien que nous ayons accordé une attention toute particulière aux positions des experts d'autres domaines et de la société civile, notre rapport ne constitue bien évidemment qu'un élément d'inspiration parmi d'autres pour les décideurs politiques. Il doit être complété par d'autres points de vue émanant d'experts de domaines différents, d'acteurs de terrain, de citoyens, de groupes d'intérêts et d'associations indépendantes.

Nous avons aussi délibérément souhaité donner à notre commission une composition internationale : un tiers des membres est français, un tiers américain et le dernier tiers est issu d'autres pays européens. Cette approche présente des avantages et des inconvénients. Du côté des avantages, la diversité géographique a permis d'éviter le travers du localisme, des discussions franco-françaises qui font souvent oublier qu'il y a d'autres manières de conduire l'action publique. Elle nous a aussi permis de nous appuyer sur des données internationales pour comparer la situation française à celle d'autres pays et examiner des mesures prises ailleurs. Enfin, nombre de ces défis ont une dimension européenne, si ce n'est mondiale. Du côté des inconvénients, ce choix a pour conséquence une connaissance moins fine des institutions et des contraintes propres à la France, ce qui, nous le reconnaissons, rend certaines de nos propositions pas toujours « prêtes à l'emploi ».

Le rapport se compose d'un chapitre introductif et de trois chapitres portant chacun sur l'une des trois thématiques évoquées plus haut. Les sept auteurs des trois chapitres thématiques ont consacré plusieurs mois à ce projet et ont été rémunérés conformément aux pratiques habituelles en matière de contrats de recherche. Les dix-sept autres membres, ainsi que les deux rapporteurs, ont contribué à ces travaux à titre gracieux.

Mode opératoire

Trois équipes ont été chargées de rédiger les chapitres correspondant aux trois thématiques. Elles ont présenté le résultat de leurs travaux à trois stades différents, en juillet, en septembre puis en novembre-décembre. Au total, nous avons tenu douze sessions plénières par visioconférence, au cours desquelles les auteurs ont reçu des suggestions et des observations de la part des autres membres. De nombreux courriels et échanges de vues bilatéraux spontanés sont venus enrichir le débat général et ajouter à la sagesse collective, et les auteurs des chapitres ont également bénéficié du soutien des équipes de recherche de France Stratégie. Bien que ces échanges aient contribué à façonner le contenu du rapport, ces chapitres n'engagent que la responsabilité de leurs auteurs.

Dans la synthèse et le chapitre introductif, nous – les deux rapporteurs – reprenons ce nous estimons être les principales conclusions des trois chapitres thématiques. Une commission composée de vingt-quatre membres et de deux rapporteurs reflète nécessairement une grande diversité de points de vue. Cela étant, les diagnostics posés ont emporté une large adhésion, de même que les principales recommandations. Il a subsisté des désaccords sur certaines recommandations, voire parfois sur la manière dont certains problèmes étaient formulés. Nous indiquons dans le chapitre introductif ces points de désaccords. Tout comme les chapitres thématiques, la synthèse et le chapitre introductif n'engagent que leurs deux auteurs, et ce bien qu'ils aient fait l'objet de longues discussions avec l'ensemble des membres de la commission.

Les lecteurs sont donc vivement encouragés à lire les trois chapitres thématiques, et à ne pas se contenter de la synthèse et du chapitre introductif (l'objet de cet ouvrage). D'abord parce que ces derniers reflètent inévitablement nos propres points de vue, mais surtout parce qu'ils ne peuvent rendre justice à la richesse des faits et des arguments exposés dans les trois autres chapitres et leurs annexes[1].

Propositions

Les propositions que nous formulons sont de deux ordres : les recommandations, d'une part, et les propositions plus exploratoires, d'autre part.

1. Les annexes sont rassemblées dans un second volume, également disponible sur internet.

Certaines recommandations comportent des mesures qui ont déjà fait l'objet de multiples débats, mais qui n'ont jamais été mises en œuvre. Nous nous sommes demandé pourquoi elles n'avaient jamais vu le jour : mauvaise conception, non-prise en compte des effets distributifs, représentations erronées ? L'une de nos conclusions est que, si elles sont envisagées, certaines mesures impopulaires comme un prix du carbone suffisamment élevé ou un recul de l'âge effectif de départ à la retraite doivent s'inscrire, pour être acceptées, dans une approche globale, un ensemble plus large de mesures qui prennent en compte les effets distributifs, les représentations des citoyens et la question de la confiance.

Certaines propositions sont de nature plus exploratoire parce qu'elles sont nouvelles ou que leurs effets sont moins bien compris, ou encore parce que les risques associés à leur mise en œuvre sont importants. Certaines devraient faire l'objet de recherches plus approfondies. D'autres, plus proches de la mise en œuvre, pourraient être explorées plus avant et faire l'objet d'expérimentations concrètes.

Bien qu'ils abordent certains aspects particuliers relatifs à la conception et à la mise en œuvre des politiques, les chapitres sur le changement climatique et sur les inégalités s'en tiennent globalement à des principes généraux. Celui sur la démographie entre davantage dans les détails. La raison en est simple : une réforme des retraites est déjà sur la table, et les propositions existantes ont déjà été examinées par les décideurs, les partenaires sociaux et les citoyens. Nous devions exposer précisément en quoi nos conclusions coïncidaient avec celles du projet de réforme en cours ou, au contraire, divergeaient.

Remerciements

En premier lieu, nous tenons à remercier les auteurs des chapitres et les membres de la commission. D'abord pour la qualité de leurs contributions : collaborer avec eux et nous enrichir à leur contact a été pour nous un privilège. Ensuite pour leur engagement, et ce avant même la formation de la commission (seules deux personnes que nous avons sollicitées ont décliné par manque de temps). Enfin pour leur diligence, leur démarche constructive et leur humeur positive dans une période assombrie par la pandémie. Il est remarquable que des économistes renommés, qui étaient déjà très occupés et qui auraient pu choisir de consacrer leur temps à de nombreuses autres tâches, aient accepté de mener à bien cette mission de service public chronophage. Le fait que deux tiers d'entre eux ne soient pas français rend cet engagement encore plus exceptionnel. Nous les remercions tous chaleureusement !

France Stratégie a apporté un fantastique soutien à ce projet grâce à ses équipes de recherche. Nous remercions tout particulièrement son commissaire général, Gilles de Margerie, et son commissaire général adjoint, Cédric Audenis. Ils ont non seulement réussi à mobiliser les équipes de France Stratégie pour appuyer ce projet, mais ils ont également fourni eux-mêmes tout au long du projet des conseils avisés et des éclairages pertinents sur les défis économiques français. Les chercheurs de France Stratégie et de l'OCDE qui nous ont apporté leur aide sont remerciés individuellement dans chacun des chapitres concernés.

Table

Des mêmes auteurs

O. Blanchard, avec Dani Rodrik, *Combating Inequality*, MIT Press, 2021
O. Blanchard, avec Lawrence Summers, *Rethinking Macroeconomic Policy: Evolution or Revolution?*, MIT Press, 2018
O. Blanchard, avec David Romer, Joseph Stiglitz, and Michael Spence, *In the Wake of the Crisis: Leading Economists Reassess Economic Policy*, MIT Press, 2012
O. Blanchard, avec Daniel Cohen, *Macroéconomie*, Pearson Éducation, 4e édition, 2010
O. Blanchard, avec Charles Wyplosz et Jean Pisani-Ferry, *L'Europe déclassée*, Flammarion, 2005
O. Blanchard, *The Economics of Post-Communist Transition*, Oxford University Press, 1997
O. Blanchard, *Macroeconomics*, Pearson, 8 editions, 1997 to 2021
O. Blanchard, avec Stanley Fischer, *Lectures on Macroeconomics*, MIT Press, 1989

J. Tirole, *Economie du bien commun*, Paris, Puf, 2016, nouv. éd. « Quadrige », Puf, 2018
J. Tirole, *Théorie de l'organisation industrielle*, Economica, 2015
J. Tirole, avec Jean-Jacques Laffont, *Théorie des Incitations et Réglementation*, Economica, 2012
J. Tirole, avec Bengt Holmström, *Inside and Outside Liquidity*, MIT Press, 2011
J. Tirole, avec Mathias Dewatripont et Jean-Charles Rochet, *Balancing the Banks: Global Lessons from the Financial Crisis*, Princeton University Press, 2010
J. Tirole, *The Theory of Corporate Finance*, Princeton University Press, 2006

J. Tirole, *Financial Crises. Liquidity and the International Monetary System*, Princeton University Press, 2002

J. Tirole, avec Jean-Jacques Laffont, *Competition in Telecommunications*, MIT Press, 1999

J. Tirole, avec Mathias Dewatripont, *La Réglementation Prudentielle des Banques*, éditions Payot, Lausanne, 1993

J. Tirole, avec Drew Fudenberg, *Game Theory*, Mit Press, 1991

Composition et mise en pages
Nord Compo à Villeneuve-d'Ascq

Achevé d'imprimer en août 2022
sur les presses de Normandie Roto Impression s.a.s.
61250 Lonrai
N° d'impression : 2202621

Imprimé en France

PEFC
10-31-2541

Certifié PEFC

Ce produit est issu de forêts gérées durablement et de sources contrôlées

www.pefc-france.org